이상해?
다양해!

ICH SO DU SO by Labor Ateliergemeinschaft
ⓒ 2017 Beltz & Gelberg, in the publishing group Beltz-Weinheim Basel
Korean Translation Copyrigh ⓒ 2018 by PULBIT Publishing Co.
All rights reserved.
The Korean language edition published by arrangement with Julius Beltz GmbH&Co.KG through MOMO Agency, Seoul.

이 책의 한국어판 저작권은 모모 에이전시를 통해 Julius Beltz GmbH&Co.KG사와의 독점 계약으로
'풀빛 출판사'에 있습니다. 저작권법에 의해 한국 내에서 보호를 받는 저작물이므로 무단전재와 무단복제를 금합니다.

아틀리에 실험실 지음 | 김경연 옮김

이상해?
다양해!

정상? 비정상?
우리가 이 책을 만든 이유

우리는 흔히 "그건 정상이야." 또는 "그건 정상이 아니야."라는 말을 합니다. 왜 우리는 그런 평가를 할까요? 정상은 좋은 걸까요, 나쁜 걸까요? 정상인지 아닌지는 누가 결정할까요?

이 질문에 답을 찾아보면서 알아차린 것이 있습니다. 사람들이 정상이라고 생각하는 것은 늘 똑같지 않다는 거예요. 언제, 어디서, 누구와 이야기하느냐에 따라 다른 대답이 나옵니다. 우리는 정상에 대한 우리들의 생각을 이 책에 모았습니다. 나아가 더 많은 사람들의 생각을 들어 보기로 했어요.
설문을 작성해서 여러 나라 어린이들에게 물어보았고, 몇몇 어른들에게는 자신의 어린 시절에 대해 물어보았습니다.

이 작업을 하는 동안 우리는 한 가지 중요한 사실을 알게 되었습니다. 자신이 정상이 아니라는 느낌을 받을 때는 기분이 좋지 않다는 거예요.
그렇다면 우리는 정상이 되고 싶어 할까요? 아니, 그렇지 않아요. 우리가 되고 싶은 것은 우리 자신이에요. 남에게 정상이니 아니니 평가받거나 분류되지 않고 자신의 모습 그대로 있기를 바랍니다. 우리는 날마다 다를 수도 있고, 새로워질 수도 있고, 같을 수도 있어요. 인간은 여러 가지 모습을 가지고 있으니까요. 그리고 그런 우리는 세상에서 단 하나뿐인 존재입니다.
사람은 변할 수 있어요. 더 열린 마음으로 서로에게 다가갈 때 우리는 다 함께 행복할 수 있어요.

지구상에는 60억이 넘는 사람들이 살고 있습니다.
모두 똑같다면 삶은 얼마나 따분할까요?

정상이 뭐지?
정상적이란 건 어떤 거지?

사전적 의미
-명사 (1) (기본 의미) 특별한 변동이나 탈이 없이 상태가 제대로인 것
      (2) 바르고 떳떳한 것
-관형사 (1) (기본 의미) 특별한 변동이나 탈이 없이 상태가 제대로인
      (2) 바르고 떳떳한

'정상'이란 단어를 사전에서 찾아보면 '특별한 변동이나 탈이 없이 제대로인 상태'라고 되어 있어. 규정에 맞고, 표준에 상응하고, 색다른 점이 없이 보통이고, 튀지 않고 평범하면 '정상' 또는 '정상적'이라고 말할 수 있는 거지.

이 책에서 '정상' 또는 '정상적'으로 옮긴 normal이라는 단어는 라틴어 normalis에서 유래한 것으로 18세기 초부터 나타나. normalis의 어원은 '목수용 곱자 또는 직각자'라는 뜻의 nōrma야. normalis는 '곱자에 따라, 규칙에 따라 만들어진'이라는 뜻이고, 후기 라틴어로는 '규칙에 따른'이라는 뜻으로 쓰여.

1800년 무렵 유럽에서는 귀족이 아닌 아이들은 학교에 가는 대신 노동을 하는 것이 정상이었다. 9세 이하 아동의 공장 노동은 프로이센에서 1839년에야 금지되었다!

1930년대에는 교사가 학생들을 때리는 것이 허용되었고 또 흔히 있는 일이었다.

1950년대 독일의 많은 집에는 욕실이 없었다. 목욕을 하려면 물통에 물을 받아서 하거나 목욕탕에 갔다.

1971년에 독일에서는 처음으로 키위와 망고가 시장에 나왔다.

이렇게 시대가 달라지면서 정상으로 받아들이는 것이 달라졌어. 결국 우리가 정상이라고 여기는 잣대는 인간이 만든 거지. 그렇기 때문에 우리는 그 역시 변화시킬 수 있어!

쥐가 행운의 상징이라면?

우리는 알게 모르게 이런저런 규칙에 따라 행동해. 규칙은 공동생활을 편하게 해 주지. 그런데 만약 규칙이 완전히 달라진다면 어떨까?

코를 살짝 꼬집는 게 인사라면?

헤어질 때 엉덩이를 흔들며 인사한다면?

부활절 토끼 대신 염소가 온다면 부활절 달걀 대신 치즈를 가져다줄까?

산타클로스가 완전히 다른 모습이라면? 여자일 수도 있겠지?

생일 축하 초를 스파게티에 꽂는다면?

12번 공중제비를 넘으며 새해를 축하한다면?

넥타이 대신 금빛 비로드 물고기를 달면?

쥐가 행운을 가져다준다고 믿는다면?

사람마다 가진 것이 다 달라.

어떤 사람은 많이 가졌고,

어떤 사람은 가진 것이 거의 없어.

부자도 있고 가난한 사람도 있지.

어떤 사람은 가진 것이 없어도

만족하면서 살고,

어떤 사람은 가진 것이 많아도

만족하지 않고 더 많이 가지려고 해.

어떤 사람은 신발이 1켤레이고,

어떤 사람은 신발을 20켤레 갖고 있지.

너는 신발을 몇 켤레 갖고 있니?

몇 켤레를 갖고 있는 것이 정상일까?

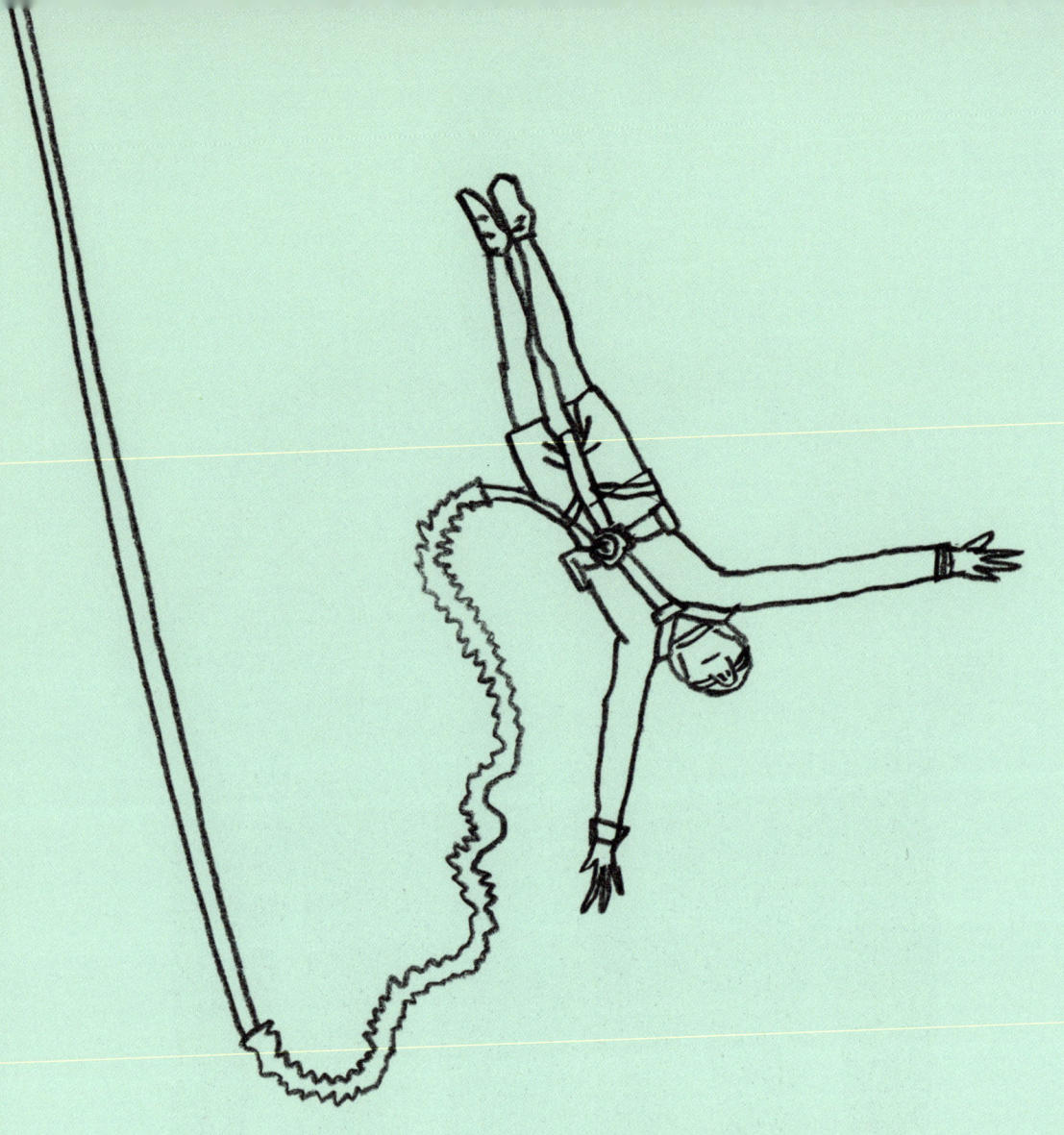

아주 평범하고 정상적인 삶을 살고 있는
사람들은 행복하기 위해
특별한 체험을 하고 싶어 한다.

하지만 나쁜 병에 걸렸다거나

전쟁 때문에

특별한 어려움을 겪는 사람들은

행복해지기 위해

아주 평범하고 정상적인 삶을 원한다.

정상 비정상 체크하기

나의 삶은 얼마나 정상적일까?

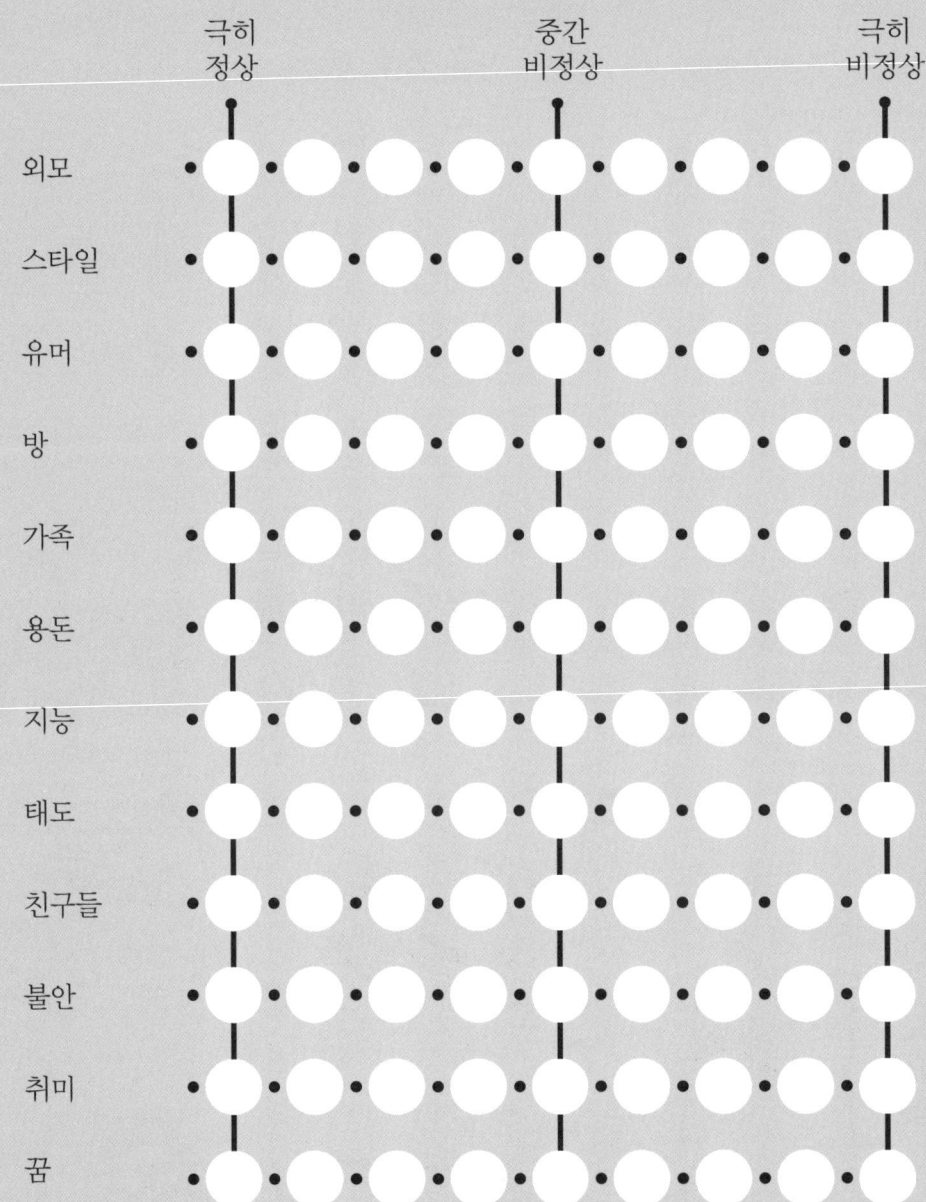

수영장에서
빈 말풍선을 채워 봐.

우리 반

27명의 아이들 중
15명은 여자고, **12명**은 남자다.
6명은 귀를 움직일 수 있다.
21명은 귀를 움직일 수 없다.
11명은 안경을 쓰고, **16명**은 안경을 쓰지 않는다.
25명은 콧구멍을 후빈다. 그중 **23명**은 몰래 후빈다. **2명**은 콧구멍을 후비지 않는다.
19명은 독일어만 할 수 있다.
8명은 독일어 이외에 다른 언어도 할 수 있다.
24명은 글씨를 오른손으로 쓴다. **3명**은 왼손으로 쓴다.
12명은 외동아이다. **15명**은 형제자매가 있다.
12명은 한 번도 이사를 해 보지 않았다. **10명**은 한 번 이사를 했고,
5명은 여러 번 이사했다.
15명은 갈색 눈을 가지고 있다. **9명**은 파란색, **3명**은 녹색 눈을 가지고 있다.
17명은 축구를 좋아한다. **7명**은 축구에 별 관심이 없다. **3명**은 축구를
따분하다고 생각한다.
11명은 좋아하는 유행가가 있다.
9명은 어떤 음악이 더 좋은지 결정을 내릴 수 없다.
7명은 음악은 아무래도 상관없다.

모두 괴로운 일을 체험한 적이 있다.
모두 누군가를 속인 적이 있다.
모두 유명해지는 꿈을 꾼 적이 있다.
모두 배가 아픈 적이 있다.
모두 남들이 자기를 멍청하다고 생각할까 봐 불안하다.
모두 나쁜 꿈을 꾼 적이 있다.
모두 동물을 구해 준 적이 있다.
모두 웃기를 좋아한다.
모두 끔찍하게 넘어져 본 적이 있다.
모두 이따금 외롭다고 느낀다.
모두 초콜릿을 좋아한다.

선생님이 뭐라고 대답했는지 솔직히 기억나지 않는다.
어쨌든 난 함께해야 했다.

처음에는 정말 잘하려고 했다. 하지만…

마음대로 되지 않았다.
그래서 가능한 한 빨리 공을 맞았다.

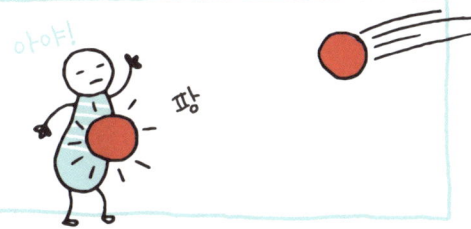

혼자 벤치에 앉아서 기다리는 시간은 고독했다.

요즘도 누가 나에게 뭔가를 던지면 안절부절못한다.

웃기게도 어른이 되어서 나랑 같은 일을 겪었다고 말하는 사람들을 여럿 만났다.

그런데 그 사람들은 대체 내가 어렸을 때 어디 있었던 거야?

로지는 내가 버릇이 없다고 말한다.

페터 삼촌은 내 바지를 좋아하지 않는다.

요한은 나를 걱정한다.

할머니는 나를 강아지라고 부른다.

부부는 나를 있는 그대로 좋아한다.

아니카는 내가 너무 건방지다고 생각한다.

아이들의 장난감

원하는 장난감을 갖고 놀 수 있을까?

삼백만 년 전 석기 시대 아이들은 돌멩이나
나무 조각, 작은 동물 뼈처럼 당시 자연에서
얻을 수 있는 것들을 갖고 놀았어.
점토를 주물러 사람 모양,
동물 모양 인형을 만들기도 했지.
다른 장난감이 없다고 아쉬워하지는 않았을 거야.
다른 것을 알지 못했으니까.

우린 지금 아기 매머드를 쓰다듬는 거야.

십오만 년 전에는 이미 딸랑이, 북, 굴렁쇠, 공들이 있었어.
조금 뒤에는 나무 인형, 팽이, 놀이판이 더 생겼고.
아주 옛날 아이들의 무덤에 그런 것들이 함께 묻혀 있는 걸 보면
분명 아이들은 그런 것들도 갖고 놀았을 거야.

안 돼! 이건 여자 장난감이야.

인형 한번 가지고 놀아도 될까요?

어른들은 아주 옛날부터 아이가 무엇을
가지고 놀아야 하는지 정하려고 했어.
고대 이집트에서는 여자아이에게
인형과 수예 물건들을 선물했고,
남자아이에게는 장난감 무기를
선물했지.

아이들은 그런 장난감을 가지고 놀면서 어른이 되었을 때
각자의 역할을 준비해야 했어.
오늘날까지 여자아이를 위한 장난감과 남자아이를 위한
장난감이 있어.
장난감 산업은 그것을 이용해서 이익을 취해.
부모들은 아들과 딸을 위해 다른 장난감을 사 주어야 하고
생산자들은 거기서 두 배로 돈을 벌 수 있기 때문이지.

또한 오랫동안 가난한 집 아이와 부잣집 아이의 장난감에도 큰 차이가 있었어.
가난한 가정의 아이들은 일을 해야 했고 놀 시간은 거의 없었어.
그렇다 해도 도토리, 솔방울, 나무 조각,
조약돌과 같이 아주 간단한 물건들을 갖고 놀았지.
소수의 부잣집 아이들을 위해서는 작게 만든 어른들의 세계가 있었어.
남자아이들을 위해서는 주석 병정, 사냥꾼, 동물 같은 정교하게
만들어진 장난감이 있었고, 여자아이들을 위해선 가구까지 갖추어진
인형의 집이 있었어.

사회적 위치에 따라 아이의 장난감이 결정되기도 했어.
아이가 뭘 하고 싶은지는 아무런 상관없이 말이지.

요즘에는 장난감이 무척 많아.
거의 모두 원하는 장난감을 살 수 있지.
그렇다고 뭘 고를지 쉽게 결정할 수 있는 건 아니야.

오늘날에도 가난한 나라에 사는 많은 아이들은
길거리나 자연에서 발견한 것을 가지고 놀아.

아이들은 아주 오랫동안 작은 어른으로 여겨졌어.
18세기에 와서야 교육학자들은 아이들의 발달과 상상력을
촉진하는 장난감이 필요하다고 생각했지.
그래서 쌓기 장난감, 퍼즐, 운동 기구 같은 것이 유행했어.

오늘날에도 부모들은 아이가 똑똑하고 건강한 어른으로
자라게 하려면 어떤 장난감을 아이에게 주어야 할지
많은 고민을 해.

아, 모든 아이가 무엇을 가지고,
누구랑 놀지 자유로이
결정할 수 있다면!!

여자는 분홍, 남자는 파랑?

아이들이 어떤 놀이, 색, 또는 옷을 좋아하느냐는 시대에 따라 달라. 아이 자신이 가장 재미있고 마음에 드는 것이 무엇인지 시험해 보고 결정할 수 있으면 좋겠지만 실제로는 거의 그런 법이 없어.

여자아이로 태어났기 때문에 분홍을 좋아하는 여자아이는 없고, 남자아이로 태어났기에 파랑을 좋아하는 남자아이도 없어. 색은 색일 뿐이야. 색의 의미를 정하는 건 인간이지.

색의 의미는 시대와 장소에 따라 달라. 수 세기 넘게 유럽에서는 빨강이 피와 투쟁, 권력, 남자다움을 상징했어. 그래서 백 년 전만 해도 분홍색, 즉 '연한 빨강색'은 소년들에게 매우 사랑받는 색이었지. 여자아이가 하늘색 옷을 입는 것은 아주 일상적이었어. 색은 인간이 남자답다 또는 여자답다고 여기는 것이 변한다는 사실을 보여 주는 좋은 예지.

남자 또는 여자의 속성에 대해서는 편견이 특히 많아. 여자아이는 분홍색, 반짝이, 말하는 걸 좋아하고 남자아이는 파란색, 자동차, 기술을 좋아한다는 것이 바로 그런 편견이지. '여자들은 주차를 잘 못하고, 남자들은 울지 않는다.'와 같은 고정 관념*은 인간이 자기가 느끼는 대로 발전하는 것을 방해해.

분명히 남자와 여자는 차이가 있어. 그러나 인간은 모두 달라. 그러니 여러 가지 개성을 찾아보는 것이 여자다운가 남자다운가만 생각해 보는 것보다 훨씬 흥미진진하지 않을까?

---

* **고정 관념**은 스스로 생각해 보지 않고 받아들이는 일반화된 생각들이다.

앗, 안 돼!
클라우지가 엘리자베트의
핑크하트 티를 마셨어!
여자아이들이 먹는 차를 마시다니
이제 클라우지는 소년다움을 잃어버릴 거야!
클라우지는 절대 공을 던질 수 없을 거야!
산수도 못하고! 오 마이 갓!
우는 걸 보니 차가 효과가 있구나!

어떤 색이 남자 색일까?
어떤 색이 여자 색일까? 이유는?

남분 색, 아무튼 색, 보드 멋있는 색, 너무 예쁜 색, 왠지 좋은 색, 여자가 좋아하는 색, 남자가 없는 색.
남자 쓰기 싫은 색은 모두를 위한 색이야.

황태자비*와 세 아들

*독일 제국의 마지막 황태자이자 프로이센의 왕세자였던
빌헬름 폰 프로이센 황태자의 비.

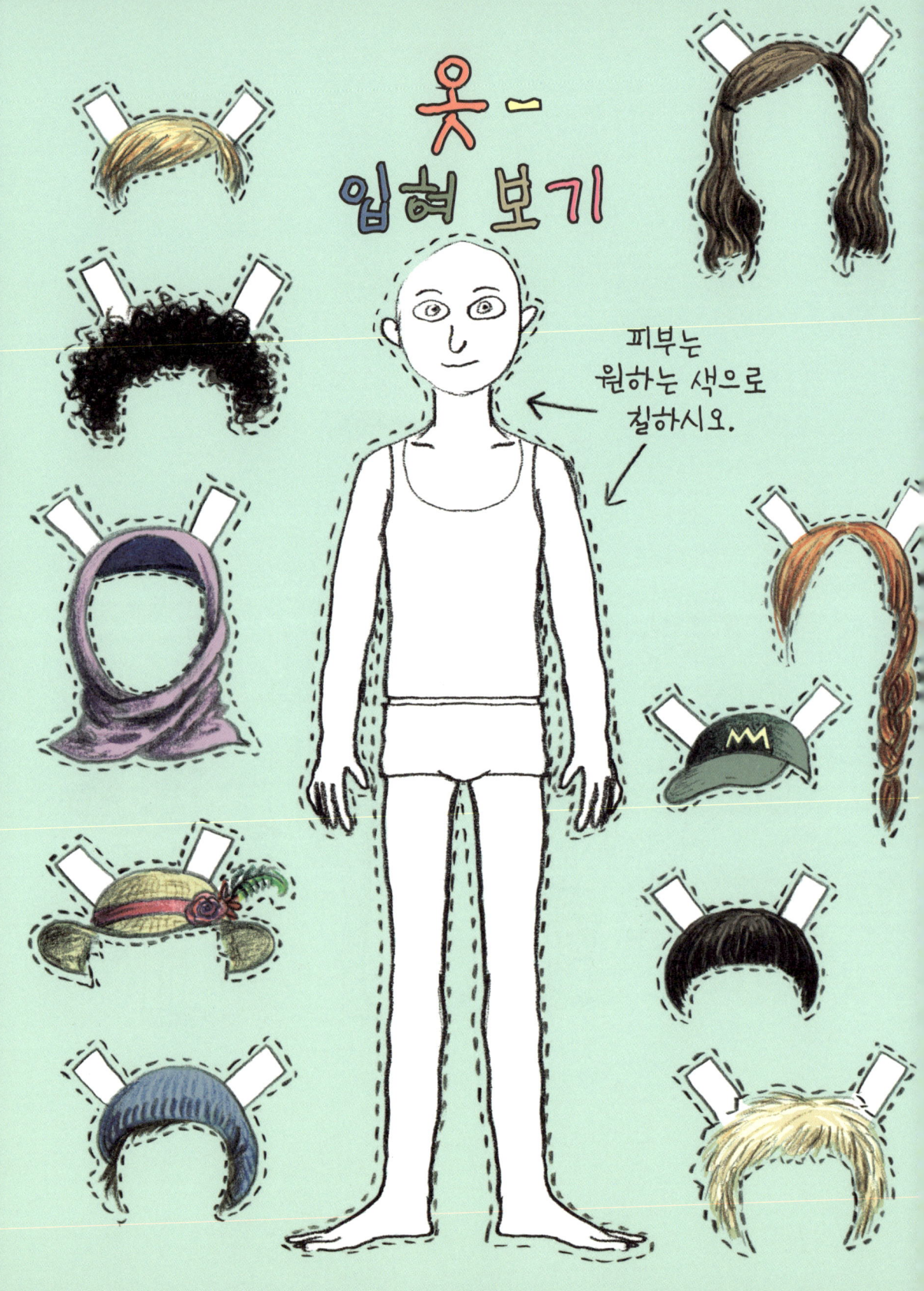

남자? 여자?
때로는 분명하지 않아

우리는 대부분 인간을 여자와 남자, 두 집단으로 나눠.
그러나 태어날 때 여자와 남자 둘 다의 성적 특징을 가지고 태어나는 사람도 있어. 남자로 태어났지만 자신을 여자로 느끼는 사람도 있고, 여자로 태어났지만 자신을 남자로 느끼는 사람도 있지. 또한 자신을 여자나 남자로 느끼지 않는 사람도 있어. 물론 여자와 사랑에 빠지는 여자도 있고, 남자와 사랑에 빠지는 남자도 있어. 그리고 많은 사람이 훗날에야 자신의 성적 정체성을 의식하게 되지.

이 사람들은 자신이 아무런 문제가 없다고 생각한다 해도, 주변 사람들은 이들을 마땅치 않게 생각할지도 몰라. 그래서 많은 사람들이 자신의 성적 정체성을 감히 이야기하지 못해. 남들이 좋아하지 않거나 비웃을까 봐 두렵기 때문이야.

그렇다면 모든 사람을 남자와 여자로 분류하는 것이 중요할까?
그런 분류보다는 모두가 편안하게 자신의 이야기를 할 수 있는 사회를 만드는 게 중요하지 않을까?

사랑에 빠진 오리
독일 뮌스터 시의 인공 호수 아제에는 검은 백조가 2년 동안
커다랗고 하얀 페달 보트와 함께 살고 있다. 둘은 항상 함께 헤엄친다.
사람이 보트에 타고 있더라도 검은 백조는 페달 보트의 곁을 떠나지
않는다.

사랑에 빠지면
더는 정상적인 것이 없다

사랑에 빠진 사람은 보통, 오직 상대가 지금 뭘 하고 있는지만 생각하지. 상대가 옆에 있으면, 갑자기 배 속이 간질거려. 또는 매우 흥분하는 동시에 수줍어져. 그리고 상대에게서 아주 특별한 점들을 발견해.
예를 들어 상대가 곰곰 생각할 때 보여 주는 눈길에 사랑에 빠질 수 있지. 서로 무슨 이야기를 주고받는지는 거의 중요하지 않아.
사랑에 빠지면 상대가 말하는 모든 것이 근사하게 여겨지기 때문이야.
얼마나 강하게 사랑에 빠지느냐는 상대가 나의 사랑을 받아 주든 안 받아 주든 상관없어.
사랑에 빠지면 몸속이 화학적으로 뒤죽박죽이 돼. 사랑에 빠지면 땅 위를 떠 다니는 기분이야.

옛날에…

만약 이랬다면 어땠을까?

라푼젤: 이 여성 등반가는 탑에서 나온 뒤 곧바로 왕자와 함께 4주간의 자유 등반 투어를 했다. 성으로 돌아온 두 사람은 궁전을 암벽 등반 장소로 개축하고, 머리를 짧게 잘랐다. "짧은 머리보다 훨씬 마음에 들어."라고 라푼젤은 얼굴을 빛내며 말한다. 라푼젤은 엔지니어 공부를 마친 뒤 우주 비행 일을 한다. 그녀는 "로켓과 탑은 사람들이 생각하는 것보다 더 많은 공통점을 가지고 있답니다."라고 설명한다.

신데렐라: 왕자와의 결혼은 결혼식이 끝나고 얼마 후에 깨졌다. "우린 너무나 달라요."라고 신데렐라가 말했다. "제가 빵 부스러기를 너무 많이 떨어뜨렸나 봐요."라고 왕자가 해명했다. 신데렐라는 집 안이 다른 사람 때문에 어질러진다는 느낌을 참지 못했다. 혼자 사는 것이 편한 그녀는 클리닝 사업을 시작했는데, 벌써 세 번째 지점을 열 정도로 성공적이다.

잠자는 숲속의 공주: 공주는 왕자에게 왕관과 성을 포기하도록 설득하는 데 성공했다. 둘은 두 아이와 함께 아파트에서 산다. 공주는 여기서 긴장 완화 요법 치료사로 일한다. 남편은 조경사로 일한다.

백설공주: 공주는 왕자와 아이들과 함께 성에서 산다. 가까이에 일곱 난쟁이가 살고 있다. 난쟁이들은 아이들을 돌볼 수 있어 좋아한다. 백설공주는 근처에 친구들이 있어 기쁘다. 그녀는 화학을 전공했고 식료품 산업에 종사하며 식료품에서 건강에 유해한 성분이 있는지 조사한다. "먹거리에 얼마나 많은 독이 있는지 여러분은 믿지 못할 거예요." 그녀의 경험에서 나온 설명이다.

너는?

우리는 전 세계의 아이들에게 물어보았다. 큰 아이, 작은 아이, 남자아이, 여자아이, 제약이 있는 아이, 없는 아이. 대도시의 아이, 작은 시골 마을의 아이, 가난한 가정의 아이, 부유한 가정의 아이, 개가 있는 아이, 고양이가 있는 아이, 모두에게. 이제 그들의 이야기를 들어 보자.

프레디, 10살, 영국에 사는 소년.

누구랑 사니? 엄마, 아빠, 누나와 고양이 레오. **오늘 뭘 먹었니?** 요구르트, 옥수수를 곁들인 생선 동그랑땡, 브로콜리를 넣은 닭고기 카레라이스, 아이스크림과 블루베리, 버찌, 나무딸기 푸딩. **지난 주말에 뭘 했니?** 극장에 가서 〈라 라 랜드〉를 보았어. 중급 학년 진학 시험이 끝났거든. 그리고 런던의 차이나타운에서 중국 음식을 먹었어. 친구가 찾아와 함께 플레이스테이션 게임을 했어. **지난 생일을 어떻게 보냈니?** 가족과 함께 베트남에 갔었어. 다시 집에 돌아와서는 친구들과 레슬링 경기를 구경했어. 우리는 리무진을 타고 경기장에 갔어. **가장 값진 소유물이 뭐야?** 세그웨이(판 위에 서서 타는 2륜 동력 장치). **어떤 순간이 특별히 행복해?** 크리스마스와 내 생일. 친구들과 있을 때. 축구 시합에서 내가 골을 넣었을 때. 극장에서 영화볼 때. **누구랑 또는 무엇이랑 하루 동안 바꿔 살고 싶어?** KSI. 그는 유튜버이고 래퍼야.

다비트, 14살, 스위스에 사는 소년.

누구랑 사니? 부모님과 개. **오늘 뭘 먹었니?** 아침에는 뮤즐리를 먹었고 점심에는 햄버거를 먹었어. **지난 주말에 뭘 했니?** 집에 있었어. 집에 있다가 말을 타러 갔어. 승마장은 우리 집 근처에 있어. 이따금 스케이트보드를 가지고 밖에 나가서 우리 동네를 타고 돌아다녔어. **가장 값진 소유물이 뭐야?** 드론. 난 드론으로 촬영을 해. **어떤 순간이 특별히 행복해?** 여름에 내 사촌들과 해변에 있을 때. **누구랑 또는 무엇이랑 하루 동안 바꿔 살고 싶어?** 퓨디파이(유튜브 유명 게임 리뷰 채널의 운영자로, 고향은 스웨덴의 예테보리이다. 주로 공포 게임과 액션 게임을 다루는데, 유튜브에서 가장 빠르게 성장하고 있는 채널 중 하나다.)

몸킬, 11살, 불가리아에 사는 소년.

누구랑 사니? 아빠하고 개. **오늘 뭘 먹었니?** 아직 아무 것도 안 먹었어. 지금은 오전 8시 반이야. 이렇게 일찍은 아무 것도 안 먹어. **지난 주말에 뭘 했니?** 토요일에는 스키를 타러 갔고, 일요일에는 생일 파티 세 군데를 갔어. **지난 생일을 어떻게 보냈니?** 지난 생일에는 친구들하고 레이싱을 했어. **가장 값진 소유물이 뭐야?** 우리 집 개. 난 하루 종일 개와 시간을 보내. **어떤 순간이 특별히 행복해?** 학교가 끝나는 순간. 난 학교가 끝나면 아주아주 행복해. **누구랑 또는 무엇이랑 하루 동안 바꿔 살고 싶어?** 아빠의 몸속에 들어갈 거야. 아빠는 퇴근하고 돌아올 때마다 몹시 피곤해 해. 난 무엇 때문에 아빠가 그렇게 피곤한지 알고 싶어.

밀라, 10살, 독일에 사는 소녀.

누구랑 사니? 엄마, 아빠, 언니, 여동생, 아빠의 여자 친구.
오늘 뭘 먹었니? 과일 샐러드, 수프, 소시지와 케일 볶음.
지난 주말에 뭘 했니? 박물관하고 동물원에 갔어.
지난 생일을 어떻게 보냈니? 네덜란드로 서핑 캠프를 갔는데 배가 아팠어.
가장 값진 소유물이 뭐야? 없어.
어떤 순간이 특별히 행복해? 가족이나 친구들하고 뭔가를 할 때 행복해.
누구랑 또는 무엇이랑 하루 동안 바꿔 살고 싶어?
여우, 코끼리, 매, 말.

가이트, 13살, 요르단에 사는 소년.

누구랑 사니? 엄마, 아빠, 형제들, 할머니, 할아버지, 고모, 반려동물 찰리. **오늘 뭘 먹었니?** 마프툴(밀가루를 손으로 비벼서 만든 좁쌀 모양의 알갱이 또는 여기에 고기나 채소 스튜를 곁들여 먹는 팔레스타인 요리) **지난 주말에 뭘 했니?** 핸드폰, 엑스박스, 컴퓨터로 게임을 했어. **지난 생일을 어떻게 보냈니?** 생일 파티를 했어. **가장 값진 소유물이 뭐야?** 가족. **어떤 순간이 특별히 행복해?** 아무 문제가 없을 때. **누구랑 또는 무엇이랑 하루 동안 바꿔 살고 싶어?** 로만 애트우드. 내가 좋아하는 유튜버야.

빅토리아, 11살, 포르투갈에 사는 소녀.

누구랑 사니? 부모님하고 고양이 치키타.

오늘 뭘 먹었니? 아침에는 빵과 치즈, 우유 한 잔, 오렌지. 점심에는 할머니가 요리해 주신 포르투갈 일품 요리. 닭고기, 소고기, 돼지고기와 많은 채소를 넣은 스튜야. 후식으로는 딸기를 먹었어. 저녁에는 국수와 햄버거.

지난 주말에 뭘 했니? 토요일에는 친구들하고 가족이랑 해변에 갔어. 나중에 카드놀이를 했고. 일요일에는 숙제를 했어.

지난 생일을 어떻게 보냈니? 가장 친한 친구들을 주말에 초대해서 파티를 했어. 팝콘을 만들고 해변에 가고, 아주 재미있게 보냈어.

가장 값진 소유물이 뭐야? 가족, 친구, 고양이 치키타.

어떤 순간이 특별히 행복해? 학교에서 친구들하고 있을 때, 주말에 할머니랑 있을 때.

누구랑 또는 무엇이랑 하루 동안 바꿔 살고 싶어? 새가 되어 자유로이 하늘을 날아 보고 싶어.

레오나르드, 9살, 캐나다에 사는 소년

누구랑 사니? 나는 집이 둘이야. 엄마 집에서는 엄마랑 고양이 골디, 앤젤, 밤비, 티카랑 살고, 아빠 집에서는 아빠랑 고양이 달티, 타이거, 부부이으랑 살아.

오늘 뭘 먹었니? 티키 밍(패스트푸드 중국 요리). 아주 맛있었어!

지난 주말에 뭘 했니? 토요일은 엄마랑 내 친구 막센스랑 함께 보냈어. 일요일은 아빠랑 막센스랑 공원에도 가고 비디오 게임도 했어.

지난 생일을 어떻게 보냈니? 아빠하고 내 친구 매튜하고 라론데에 갔어. 라론데는 놀이공원인데, 말을 탈 수 있어.

가장 값진 소유물이 뭐야? 소설책들. 난 독서를 좋아해.

어떤 순간이 특별히 행복해? 친구들과 시간을 보낼 때. 어떻게 시간을 보내는지는 상관 없어.

누구랑 또는 무엇이랑 하루 동안 바꿔 살고 싶어? 우리 집 고양이. 고양이가 되는 건 어떤 느낌인지 상상할 수 없어. 난 그 느낌을 알고 싶어.

혼자, 10살, 체코에 사는 소년

누구랑 사니? 형, 엄마, 개와 기니피그. **오늘 뭘 먹었니?** 점심에는 감자 경단에 소스를, 아침에는 뿔 모양 빵을 먹었어. **지난 주말에 뭘 했니?** 토요일에는 할머니한테 갔고 일요일에는 집에 있었어. **지난 생일을 어떻게 보냈니?** 하루 종일 파티를 하고 저녁에는 조용하게 축하했어. **가장 값진 소유물이 뭐야?** 가족과 개. **어떤 순간이 특별히 행복해?** 방학 때. **누구랑 또는 무엇이랑 하루 동안 바꿔 살고 싶어?** 유튜버 퓨디파이.

그리샤, 12살, 인도에 사는 소녀.

누구랑 사니? 가족. **오늘 뭘 먹었니?** 난 채식주의자야. 오늘은 과일을 아침으로 먹었고 점심은 파브 바지(인도의 패스트푸드 요리로, 진한 야채 카레와 부드러운 브레드 롤이 나온다.)를 먹었어. **지난 주말에 뭘 했니?** 삼촌 결혼식에 갔어. **지난 생일을 어떻게 보냈니?** 지난번 생일에는 가족과 친구들과 함께 브린다반 호텔에서 파티를 했어. **가장 값진 소유물이 뭐야?** 바비 세트. **어떤 순간이 특별히 행복해?** 친구들과 놀 때. **누구랑 또는 무엇이랑 하루 동안 바꿔 살고 싶어?** 의사. 엄마가 의사거든.

디보라, 12살, 에티오피아에 사는 소녀.

누구랑 사니? 엄마 아빠. **오늘 뭘 먹었니?** 오늘은 마카로니하고 채소를 먹었어. **지난 주말에 뭘 했니?** 토요일에는 학교에 갔고 일요일에는 교회에 갔어. 그 다음 친구들하고 놀았어. **가장 값진 소유물이 뭐야?** 내 책들. **어떤 순간이 특별히 행복해?** 모든 일요일. 놀 수 있으니까. **누구랑 또는 무엇이랑 하루 동안 바꿔 살고 싶어?** 하일레마리암 데살렌 총리.

니나, 11살, 독일에 사는 소녀
누구랑 사니? 엄마하고 하겐.
오늘 뭘 먹었니? 마블 케이크.
지난 주말에 뭘 했니? 말을 탔고 오펜부르크(독일 남부 도시)에 사는 할머니한테 갔어.
지난 생일을 어떻게 보냈니? 물풍선 보물찾기를 했어.
가장 값진 소유물이 뭐야? 내 방.
어떤 순간이 특별히 행복해? 친구들을 만날 때.
누구랑 또는 무엇이랑 하루 동안 바꿔 살고 싶어? 내 친구 소피아.

안토니아, 10살, 크로아티아에 사는 소녀
누구랑 사니? 엄마, 아빠, 오빠
오늘 뭘 먹었니? 잼 발라서 빵 한 개, 수프, 사과, 버터 발라서 빵 한 개.
지난 주말에 뭘 했니? 밖에 나가서 운동을 하고 생일 파티에 갔어.
지난 생일을 어떻게 보냈니? 할머니네 집 정원에서 가족과 친구들과 함께 보냈어.
가장 값진 소유물이 뭐야? 내게 가장 귀중한 것은 가족과 찰리야. 찰리는 삼촌의 개야.
어떤 순간이 특별히 행복해? 학교에서 A를 받았을 때 가장 행복해.
누구랑 또는 무엇이랑 하루 동안 바꿔 살고 싶어? 난 일주일에 사흘만 학교에 가면 좋겠어.

비르타, 12살, 아이슬란드에 사는 소녀
누구랑 사니? 아빠하고 개. **오늘 뭘 먹었니?** 뮤즐리, 토마토소스를 얹은 국수, 사과, 팬케이크.
지난 주말에 뭘 했니? 놀기도 하고 숙제도 했어.
지난 생일을 어떻게 보냈니? 친구들하고 하이킹을 가서 낚시를 하고 텐트에서 잤어.
가장 값진 소유물이 뭐야? 개, 낚시, 아이팟.
어떤 순간이 특별히 행복해? 혼자 낚시를 가서 물고기가 미끼를 물었을 때. 내가 잡은 물고기는 저녁 때 아빠가 구워서 함께 먹어.
누구랑 또는 무엇이랑 하루 동안 바꿔 살고 싶어? 밴드 칼레오의 보컬, 외쿨 율리우손.

키나, 11살, 터키에 사는 소녀.

누구랑 사니? 할머니, 엄마, 아빠, 가사 도우미. 개를 너무 좋아해서 개와 함께 사는 날이 오기를 기다려. 할머니는 근사한 분이야. 난 할머니를 사랑해. 물론 집에 있는 내 책들도 아주 소중해.

오늘 뭘 먹었니? 샌드위치. 하지만 초콜릿으로 된 거라면 뭐든 목숨을 내놓을 만큼 좋아해. **지난 주말에 뭘 했니?** 아빠는 독일에 가셨어. 엄마와 난 아주 오랫동안 친하게 지낸 가족을 방문했어. 그 집 딸은 나하고 친해. **지난 생일을 어떻게 보냈니?** 가장 친한 친구들과 큰 파티를 열었어. 어떤 친구들은 밤에 우리 집에서 묵고 가기도 했어. 정치적 또는 경제적 이유 때문에, 어떤 아이들은 큰 파티를 할 수 있고 어떤 아이들은 그렇지 못한 것은 대단히 부당하다고 생각해. 우린 모두 평등하잖아?

가장 값진 소유물이 뭐야? 내 책 모두, 가장 오래된 곰 인형, 장신구 상자.

어떤 순간이 특별히 행복해? 내가 사랑하는 사람들과 함께 있는 순간. 내가 꿈꿀 수 있는, 또는 창의적일 수 있는 모든 순간. 그리고 커다란 햄버거와 초콜릿을 먹는 순간.

누구랑 또는 무엇이랑 하루 동안 바꿔 살고 싶어? 최고 부자가 되어서 내 돈을 다른 사람들에게 베풀어 주고 싶어. 모든 사람을 도와주고 싶어. 아니면 마녀가 되고 싶어. 마녀가 되면 우리나라의 아주 지독한 문제들을 제거할 수 있을 테니까. 어쩌면 모든 질병과 낙담한 사람들의 마음을 고칠 수 있을지도 몰라. 아니면 대사가 되고 싶어. 그러면 세상에 우리나라가 자리만 차지하는 그런 나라가 아니라는 것을 증명할 수 있을 거야. 나는 어린이 토크 쇼를 조직해서 우리 어린이들이 교육과 정치, 자연, 전쟁, 문학, 위기, 철학과 같은 주제에 대해 자신의 생각을 갖고 있다는 것을 보여 줄 거야.

노아, 9살, 덴마크에 사는 소년.

누구랑 사니? 엄마랑. **오늘 뭘 먹었니?** 요구르트와 바나나와 뮤즐리, 빵과 치즈를 아침으로 먹었어.
지난 주말에 뭘 했니? 토요일은 쉬면서 아이패드를 갖고 놀았어. 일요일에는 하루 종일 친구 에이길하고 놀았어.
지난 생일을 어떻게 보냈니? 덴마크에 있는 워터 파크인 랄란디아에 갔었어.
가장 값진 소유물이 뭐야? 커다란 고질라 피규어. 소리를 낼 수 있어.
어떤 순간이 특별히 행복해? 생일에 랄란디아에서 거대한 물 미끄럼틀을 탔을 때. 그리스에 있을 때. 가족과 함께 있을 때.
누구랑 또는 무엇이랑 하루 동안 바꿔 살고 싶어? 난 발명가가 되어 봤으면 좋겠어.

사만다, 9살, 코스타리카에 사는 소녀.

누구랑 사니? 엄마, 아빠, 개.
오늘 뭘 먹었니? 아침으로 팬케이크와 빵을 먹었어.
지난 주말에 뭘 했니? 토요일에는 우리 반 친구들하고 만나서 축구를 했어. 일요일에는 친구들하고 집에서 놀았고.
지난 생일을 어떻게 보냈니? 올해는 보통 때와는 좀 달랐어. 미국에서 친구들이 와서 기타를 치며 영어로 생일 축하 노래를 불러 주었어. 그리고 또 파티를 했어.
가장 값진 소유물이 뭐야? 가족과 세 살 때부터 갖고 있는 인형.
어떤 순간이 특별히 행복해? 친구들이랑 함께 뭔가를 할 때.
누구랑 또는 무엇이랑 하루 동안 바꿔 살고 싶어? 우리 집 개.

다비드, 12살, 핀란드에 사는 소년.

누구랑 사니? 엄마, 아빠, 누나 크리스티네. **오늘 뭘 먹었니?** 졸로프 라이스(서아프리카 권역에서 널리 퍼진 쌀요리), 샐러드, 요구르트, 감자, 그리고 단 과자 몇 개.
지난 주말에 뭘 했니? 투르쿠(핀란드 남서 해안에 있는 도시)에 가서 교회를 방문했어. 엄마와 아빠는 교육에 대해 강연을 하셨어. 일요일에는 우리 교회에 갔어. **지난 생일을 어떻게 보냈니?** 볼링을 했고 어떤 결혼식 파티 장식을 거들었어. **가장 값진 소유물이 뭐야?** 모자와 호버보드. **어떤 순간이 특별히 행복해?** 난 언제나 행복해. **누구랑 또는 무엇이랑 하루 동안 바꿔 살고 싶어?** 영국 유튜버인 댄 미들턴.

리, 12살, 미국에 살고 있는 소년.

누구랑 사니? 엄마, 아빠, 고양이. **오늘 뭘 먹었니?** 달걀, 베이컨, 토스트, 팝콘, 비프 스트로가노프(러시아의 대표적 쇠고기 요리).

지난 주말에 뭘 했니? 스키를 타고 숙제를 했어.

지난 생일을 어떻게 보냈니? 스케이트 파크에 갔었어. **가장 값진 소유물이 뭐야?** 킥보드.

어떤 순간이 특별히 행복해? 스키 탈 때.

누구랑 또는 무엇이랑 하루 동안 바꿔 살고 싶어? 스스로 생각할 줄 알고 스스로 달릴 줄 아는 완전 자동 람보르기니.

아바 아티나, 11살, 불가리아에 사는 소녀.

누구랑 사니? 엄마, 아빠, 남동생, 개.

오늘 뭘 먹었니? 엄마가 학교에서 먹으라고 준비해 준 빵 두 개를 먹었어.

지난 주말에 뭘 했니? 지난 주말에 우리는 옛날 집을 청소했어. 오래되고 귀중한 물건들을 많이 발견했어.

지난 생일을 어떻게 보냈니? 지난 생일은 가장 친한 친구들과 집에서 보냈어. 영화관에 갔다가 피자를 구워 먹었지.

가장 값진 소유물이 뭐야? 나의 모든 재미있는 책들.

어떤 순간이 특별히 행복해? 세계 여행을 한다면 행복할 것 같아.

누구랑 또는 무엇이랑 하루 동안 바꿔 살고 싶어? 집 없는 아이.

엘샤다이, 12살, 에티오피아에 사는 소녀.
누구랑 사니? 부모님.
오늘 뭘 먹었니? 아침은 빵과 딸기 잼. 점심은 파스타. 저녁은 은저라(에티오피아 지방의 납작빵). **지난 주말에 뭘 했니?** 숙제를 하고 텔레비전을 보고 책을 읽었어.
지난 생일을 어떻게 보냈니? 작고 조촐한 파티를 했어. 가장 친한 친구 둘을 초대했어. 난 케이크를 자르고 생일 선물을 받았고 엄마, 아빠, 오빠하고 재미있게 보냈어.
가장 값진 소유물이 뭐야? 내가 두 살 때부터 갖고 있는 인형. 이름은 에밀리야.
어떤 순간이 특별히 행복해? 내 친구 마흘렛이랑 함께 있을 때.
누구랑 또는 무엇이랑 하루 동안 바꿔 살고 싶어? 비둘기.

마이모우나, 10살, 독일에 사는 소녀.
누구랑 사니? 엄마와 나이미 씨와 고양이 봄베이.
오늘 뭘 먹었니? 오늘 아침에 생일 케이크를 먹었어. 학교에서는 소스를 넣은 파스타를 먹었고, 지금은 식물성 대용 우유에 탄 코코아를 마시고 있어.
지난 주말에 뭘 했니? 금요일에는 아이 돌보미랑 공원에서 아이스크림을 먹었어. 니나도 함께 있었어. 토요일에는 어린이 오페라를 보러 갔어. 일요일에는 남자 친구 빈센트랑 영화관에 갔다가 우리 집으로 와서 함께 인형극 놀이를 하고, 식사를 하고 텔레비전을 보았어.
지난 생일을 어떻게 보냈니? 소녀들 파티를 했어. 또 하고 싶어.
가장 값진 소유물이 뭐야? 커다란 강아지 인형, 공주 드레스.
어떤 순간이 특별히 행복해? 말을 탈 때, 해변에 있을 때, 가족 침대에 있을 때.

기, 13살, 이스라엘에 사는 소년.

누구랑 사니? 엄마, 아빠, 남동생, 강아지 알마, 고양이 판다.

오늘 뭘 먹었니? 오늘 아침은 콘플레이크에 우유를 넣어 먹었고, 점심은 닭고기와 밥, 저녁은 피자를 먹었어.

지난 주말에 뭘 했니? 시골에 가서 친구들과 해변에서 놀았어.

지난 생일을 어떻게 보냈니? 아빠랑 탄자니아에 사파리를 갔어.

가장 값진 소유물이 뭐야? 나와 함께 사는 동물들. 나를 행복하게 하고 내게 사랑을 줘. 내가 그들을 사랑하는 것처럼 그들도 나를 사랑해.

어떤 순간이 특별히 행복해? 동물들이나 친구들하고 시간을 보낼 때. 방학 때.

누구랑 또는 무엇이랑 하루 동안 바꿔 살고 싶어? 수의사가 되고 싶어. 아니면 아프리카 사파리 가이드나.

샤하르, 10살, 기의 동생.

누구랑 사니? 엄마, 아빠, 형, 강아지 알마, 고양이 판다.

오늘 뭘 먹었니? 아침에는 콘플레이크와 우유, 점심에는 파스타와 슈니첼 (일종의 돈가스), 저녁에는 팬케이크를 먹었어.

지난 주말에 뭘 했니? 시골에 갔는데, 친구들과 해변에 잠깐 있었어.

지난 생일을 어떻게 보냈니? 지난 생일에는 가족과 함께 골프를 쳤어.

가장 값진 소유물이 뭐야? 알마와 판다와 내 삶이야.

어떤 순간이 특별히 행복해? 학교에 가지 않아도 될 때 가장 행복해.

누구랑 또는 무엇이랑 하루 동안 바꿔 살고 싶어? 난 나로 있고 싶어. 난 내 삶을 사랑해.

사이브, 12살, 남아프리카에 사는 소년.

누구랑 사니? 10명의 어른과 19명의 다른 아이들. 난 고아원에서 살거든. 내 후견인 이름은 페리이고 우리 고양이 이름은 키트카트야.
오늘 뭘 먹었니? 내가 가장 좋아하는 햄버거.
지난 주말에 뭘 했니? 흑인 거주 구역에서 자동차 타이어 굴리기 게임을 했어. 난 2등을 했어.
지난 생일을 어떻게 보냈니? 고아원과 거리의 모든 친구들과 함께 보냈어. 60명이 넘었어.
가장 값진 소유물이 뭐야? 내가 직접 수선한 내 낡은 자동차 타이어.
어떤 순간이 특별히 행복해? 페리랑 소풍을 갈 때.
누구랑 또는 무엇이랑 하루 동안 바꿔 살고 싶어? 아무하고도 바꾸고 싶지 않아. 내 삶이 아름다우니까.

알마, 10살, 프랑스에 사는 소녀.

누구랑 사니? 가족과 물고기 니노. **오늘 뭘 먹었니?** 소시지와 감자.
지난 주말에 뭘 했니? 집에 있었어. **지난 생일을 어떻게 보냈니?** 동물원에 갔어.
어떤 순간이 특별히 행복해? 오스트리아에 사는 할머니 집에 있을 때.
누구랑 또는 무엇이랑 하루 동안 바꿔 살고 싶어? 영화배우 로미 슈나이더.

요한, 11살, 독일에 사는 소년.
누구랑 사니? 엄마, 아빠, 거북이, 물고기 몇 마리.
오늘 뭘 먹었니? 아침에는 빵과 치즈와 토마토. 점심 때는 학교 식당에서 칠리 신 카르네(고기를 넣지 않은 칠리). 저녁 때는 야채 볶음밥.
지난 주말에 뭘 했니? 친구 에릭이랑 낙타 보드게임을 했어. 저녁에는 친구 집에서 축구를 봤고 일요일에는 직접 축구를 했어.
지난 생일을 어떻게 보냈니? 친구들하고 그래피티 워크샵을 했고 피냐타(멕시코와 중남미 국가의 어린이 축제에 사용되는 과자나 장난감 등을 넣은 종이 인형)를 깼어.
가장 값진 소유물이 뭐야? 친구들과 가족이지만, 소유하고 있지는 않아. 가장 값진 물건은 비밀이야. **어떤 순간이 특별히 행복해?** 학교 밴드랑 무대에 등장할 때.
누구랑 또는 무엇이랑 하루 동안 바꿔 살고 싶어? 벌새 또는 다이빙 선수. 벌새는 뒤로도 날 수 있대.

리, 12살, 캐나다에 사는 소녀.
누구랑 사니? 엄마, 아빠, 강아지 티마와 사시.
오늘 뭘 먹었니? 와플과 누텔라, 바나나.
지난 주말에 뭘 했니? 호수로 산책을 갔어.
지난 생일을 어떻게 보냈니? 도미니크 공화국에 갔어.
가장 값진 소유물이 뭐야? 내 아이폰.
어떤 순간이 특별히 행복해? 가족과 친구들과 시간을 보낼 때.
누구랑 또는 무엇이랑 하루 동안 바꿔 살고 싶어? 아무하고도 바꾸고 싶지 않아.

칼렐, 12살, 미국에 사는 소년.

누구랑 사니? 남동생, 아빠, 엄마, 여동생.

오늘 뭘 먹었니? 아침에는 뮤즐리, 점심 때는 햄 샌드위치, 사과, 초코 머핀, 그리고 저녁에는 핫도그. 나중에 집에 온 다음에 나무딸기 치즈 케이크 한 조각을 먹었어.

지난 주말에 뭘 했니? 비디오 게임을 하고 숙제를 하고 집안일을 도왔어. 그 다음 친구랑 트램펄린 파크에서 열린 파티에 갔어. 친구네 집에서 잤고 축구도 하고 농구도 했어.

지난 생일을 어떻게 보냈니? 실내 트램펄린 경기장에 가서 밤샘 파티를 했어.

가장 값진 소유물이 뭐야? 핸드폰. **어떤 순간이 특별히 행복해?** 온 가족이 함께 있을 때, 학교에서 상을 받거나 뭔가 잘해서 칭찬을 받을 때.

누구랑 또는 무엇이랑 하루 동안 바꿔 살고 싶어? 리오넬 메시. 프로 축구 선수가 되어 유명해지면 어떤 느낌인지 알고 싶어.

카덴, 칼렐의 동생.

누구랑 사니? 형, 여동생, 엄마, 아빠.

오늘 뭘 먹었니? 아침은 계피 팬케이크. 점심은 초콜릿 케이크 한 조각, 오렌지, 살라미 빵, 껌. 저녁은 핫도그와 후식으로 와플.

지난 주말에 뭘 했니? 가장 친한 친구네 집에서 묵으면서 아이패드로 게임을 했고 공원에 갔어. 그런 다음 여동생, 엄마, 엄마 친구랑 레스토랑에 갔고 거기서 친구들과 게임을 했어.

지난 생일을 어떻게 보냈니? 친구들과 닌자 전사 파쿠르(도심의 건물 사이를 뛰어다니거나 오르면서 하는 운동) 파티를 했어.

가장 값진 소유물이 뭐야? 수집한 동물 피규어들.

어떤 순간이 특별히 행복해? 뱀을 발견할 때, 그리고 학교 성적을 A를 받을 때.

누구랑 또는 무엇이랑 하루 동안 바꿔 살고 싶어? 뱀이 되고 싶어. 기어가는 느낌이 어떤지 알 수 있잖아.

디에고, 11살, 페루에 사는 소년.

누구랑 사니? 엄마, 아빠, 동생 아드리안, 고양이 타미와 타이거.
오늘 뭘 먹었니? 콩하고 옥수수를 넣은 쌀밥.
지난 주말에 뭘 했니? 가라테.
지난 생일을 어떻게 보냈니? 아이스크림 가게에 갔어.
가장 값진 소유물이 뭐야? 레고하고 태블릿 PC.
어떤 순간이 특별히 행복해? 가족과 게임을 할 때.
누구랑 또는 무엇이랑 하루 동안 바꿔 살고 싶어? 로베르트 레반도프스키. 최고의 축구 선수거든.

아드리안, 10살, 디에고의 동생.

누구랑 사니? 엄마, 아빠, 형, 고양이 타이거와 타미.
오늘 뭘 먹었니? 바닐라 요구르트, 멜론, 코코아.
지난 주말에 뭘 했니? 아빠하고 형 디에고하고 공원에서 킥보드를 탔어.
지난 생일을 어떻게 보냈니? 반 친구들하고 독일 클럽 리마 볼링장에 갔어.
가장 값진 소유물이 뭐야? 미키 마우스 노트 수집품.
어떤 순간이 특별히 행복해? 방송극을 들을 때와 가족과 게임을 할 때.
누구랑 또는 무엇이랑 하루 동안 바꿔 살고 싶어? 난 언제나 아드리안으로 있고 싶어.

팅카, 12살, 오스트레일리아에 사는 소년.

누구랑 사니? 엄마, 아빠, 누나 스자이다, 고양이 위스키.
오늘 뭘 먹었니? 시리얼, 바나나, 프리츠 소시지와 토마토소스가 들어간 샌드위치, 바닐라 요구르트, 슈니첼, 당근, 완두콩, 파프리카, 오이, 바닐라 아이스크림 와플.
지난 주말에 뭘 했니? 내 친구 제이미네 집에서 묵으며 비디오 게임을 했어. 집에 돌아와서는 숙제를 했어.
지난 생일을 어떻게 보냈니? 친구 둘하고 워터 파크에 갔어.
가장 값진 소유물이 뭐야? 아이패드.
어떤 순간이 특별히 행복해? 가족과 보드게임을 할 때, 별난 장난을 칠 때.
누구랑 또는 무엇이랑 하루 동안 바꿔 살고 싶어? 미국의 대통령.

에밀, 11살, 체코에 사는 소년.

누구랑 사니? 엄마, 아빠, 형, 개. 참, 우린 닭도 키워.

오늘 뭘 먹었니? 딸기 소스와 생크림을 곁들인 크뇌델(고기, 감자 빵 부스러기 따위로 만든 경단 또는 만두)을 먹었어. 저녁에는 냉동 피자를 먹었고. **지난 주말에 뭘 했니?** 오랫동안 만나지 못한 옛 친구들 집에 갔어.

지난 생일을 어떻게 보냈니? 약 두 시까지 준비를 했고 그 다음 첫 손님들이 왔어. 다섯 시에 첫 손님들이 갔어.

가장 값진 소유물이 뭐야? '값진'이란 단어는 여러 가지로 해석할 수 있어. 그래서 두 가지 답을 할게. ①가격이 가장 비싼 것: 엑스박스 원. ②개인적인 이유로 귀중한 것: 가족과 우리 집 개.

어떤 순간이 특별히 행복해? 자유로울 때.

누구랑 또는 무엇이랑 하루 동안 바꿔 살고 싶어? CIA 국장.

지훈, 8살, 대한민국에 사는 소년.

누구랑 사니? 아빠, 엄마, 누나.

오늘 뭘 먹었니? 냉면이 있었지만 너무 매워서 먹고 싶지 않았어. 대신 미역국에다 밥을 먹었어. **지난 주말에 뭘 했니?** 기억나지 않아. 아 맞다. 공원에 갔어. 잠자고 일어났어. 미역국을 먹었어.

지난 생일을 어떻게 보냈니? 이번에는 아빠가 케이크를 사 오셔서 먹었어. 아이스크림 케이크였는데 초도 꽂았어. 선물은 받지 못했어. 그래도 괜찮았어. 왜냐고? 부모님은 날 사랑하시니까.

가장 값진 소유물이 뭐야? 포켓몬 카드, 가족, 그밖에 내가 중요하게 생각하는 건 모든 사람이 좋은 대우를 받는 것, 아프지 않도록 조심하는 것이야.

어떤 순간이 특별히 행복해? 누나나 친구들하고 놀 때. 우리는 달리기 시합을 하고 잡기 놀이를 해. 야구를 할 때도 좋아. 나는 싸움을 좋아해. 싸운 뒤에는 가깝게 느껴지니까.

누구랑 또는 무엇이랑 하루 동안 바꿔 살고 싶어? 야구나 축구 트레이너. 아니면 로봇 발명가!

이르밀리, 12살, 스웨덴에 사는 소녀.

누구랑 사니? 두 엄마와 세 자매.

오늘 뭘 먹었니? 아침에는 요구르트와 토스트 두 개. 점심에는 빵과 아보카도. 저녁에는 수프와 팬케이크.

지난 주말에 뭘 했니? 집에서 독서를 했어. 여동생하고 카페에도 갔고.

지난 생일을 어떻게 보냈니? 가족과 여행을 갔어. 케이크가 있었고 우린 쇼핑을 갔어.

가장 값진 소유물이 뭐야? 아이폰.

어떤 순간이 특별히 행복해? 피아노를 칠 때.

누구랑 또는 무엇이랑 하루 동안 바꿔 살고 싶어? 모르겠어.

미나, 9살, 이르밀리의 여동생.

누구랑 사니? 엄마들하고 세 자매.

오늘 뭘 먹었니? 요구르트와 시리얼, 볼로네제 파스타, 소시지, 팬케이크.

지난 주말에 뭘 했니? 발보리 축제에 갔고 서커스 연습에 갔어. 언니랑 카페에 갔어.

지난 생일을 어떻게 보냈니? 학교에서 축하를 했어.

가장 값진 소유물이 뭐야? 곰 인형들.

어떤 순간이 특별히 행복해? 친구들과 함께 있을 때. 그리고 소풍을 갈 때.

누구랑 또는 무엇이랑 하루 동안 바꿔 살고 싶어? 유니콘.

히마노트, 12살, 에티오피아에 사는 소녀.

누구랑 사니? 이모.

오늘 뭘 먹었니? 오늘은 아침을 안 먹었어. 지금 단식절이거든. 점심과 저녁은 은저라와 채소를 먹었어.

지난 주말에 뭘 했니? 토요일에는 내 옷을 빨았어. 일요일에는 집 청소를 한 다음 샤워를 했어.

가장 값진 소유물이 뭐야? 책가방. 천으로 되어 있고 어깨에 메는 거야. 내가 가진 모든 공책과 연필을 다 넣을 수 있어.

어떤 순간이 특별히 행복해? 학교에 있을 때면 언제나 행복해.

누구랑 또는 무엇이랑 하루 동안 바꿔 살고 싶어? 유명한 여배우 헬렌 베딜루랑 하루를 바꿔 살고 싶어.

마르, 9살, 스페인에 사는 소녀.

누구랑 사니? 가족하고 동물들.

오늘 뭘 먹었니? 오늘은 빵과 마울타셰(속에 으깬 고기나 훈제, 시금치, 빵, 양파를 넣고 만든 파스타의 일종), 초콜릿을 먹고 오렌지 주스를 마셨어.

지난 주말에 뭘 했니? 숙제를 했고, 수영장에 가서 패들(카누를 저을 때 쓰는 노. 주걱 모양의 물갈퀴가 달렸다.)로 물장난을 쳤어.

지난 생일을 어떻게 보냈니? 지난 생일에는 친구들과 영화관에서 축하를 했어. 그런 다음 샌드위치와 단 것을 먹었어. 물론 생일 케이크도 먹었어.

가장 값진 소유물이 뭐야? 가족의 사랑.

어떤 순간이 특별히 행복해? 생일.

누구랑 또는 무엇이랑 하루 동안 바꿔 살고 싶어? 내 애완 족제비.

닐스, 10살, 마르의 오빠.

누구랑 사니? 아빠, 엄마, 여동생과 동물들.

오늘 뭘 먹었니? 빵, 마울타셰, 뿔 모양 빵, 초콜릿, 감자 칩을 먹었어.

지난 주말에 뭘 했니? 멋진 주말을 보냈어. 보이스카우트에서 수영장에 가서 패들로 물장난을 쳤어. 〈해리 포터〉시리즈의 마지막 권을 읽었고 영화를 봤어. 지금 숙제를 하고 있어.

지난 생일을 어떻게 보냈니? 아주 멋지게 보냈어. 친구들하고 영화관에서 축하를 했어. 그런 다음 레스토랑에 가서 축하 파티를 했어.

가장 값진 소유물이 뭐야? 가족.

어떤 순간이 특별히 행복해? 게임, 수영, 독서, 영화 보기 등 마음에 드는 일을 할 때.

누구랑 또는 무엇이랑 하루 동안 바꿔 살고 싶어? 여동생.

엑토르, 9살, 프랑스에 사는 소년.
누구랑 사니? 엄마 아빠.
오늘 뭘 먹었니? 소시지와 딸기.
지난 생일을 어떻게 보냈니? 수족관에 갔어.
어떤 순간이 특별히 행복해?
내 생일과 크리스마스.
누구랑 또는 무엇이랑 하루 동안 바꿔 살고 싶어? 산타 할아버지.

브루노, 9살, 네덜란드에 사는 소년.
누구랑 사니? 고양이 안, 아빠, 엄마, 친구들, 남동생.
오늘 뭘 먹었니? 벌꿀 빵.
지난 주말에 뭘 했니? 독일에 사시는 할머니네 집에 가서 놀고 정원에서 식물을 화분에 심었어.
지난 생일을 어떻게 보냈니? 오래 전 일이야. 게임을 하고, 화분을 깨고, 스요엘렌 게임(네덜란드 게임)을 하고, 술래잡기를 했던 것 같아. 그리고 뭘 먹었고.
가장 값진 소유물이 뭐야? 고양이. 하지만 근사하게 여겨지는 물건들을 아주 많이 갖고 있어.
어떤 순간이 특별히 행복해? 친구들, 엄마 아빠, 남동생 마티와 함께 있을 때.
누구랑 또는 무엇이랑 하루 동안 바꿔 살고 싶어? 나무.

산두니카, 14살, 스리랑카에 사는 소녀.
누구랑 사니? 아빠, 엄마, 오빠, 언니, 토끼 한 마리.
오늘 뭘 먹었니? 쌀밥과 카레.
지난 주말에 뭘 했니? 크리켓 게임을 했어.
지난 생일을 어떻게 보냈니? 선물을 받았어.
어떤 순간이 특별히 행복해? 책을 읽을 때.
누구랑 또는 무엇이랑 하루 동안 바꿔 살고 싶어? 선생님.

너도 해 보고 친구랑도 해 봐!

이름 .... **나이** .... **사는 나라** ....

누구랑 사니? 반려동물을 잊지 마!
....
....
....

오늘 뭘 먹었니?
....
....
....

지난 주말에 뭘 했니?
....
....
....

지난 생일을 어떻게 보냈니?
....
....
....

가장 값진 소유물이 뭐야?
....
....
....

어떤 순간이 특별히 행복해?
....
....
....

누구랑 또는 무엇이랑 하루 동안 바꿔 살고 싶어?
....

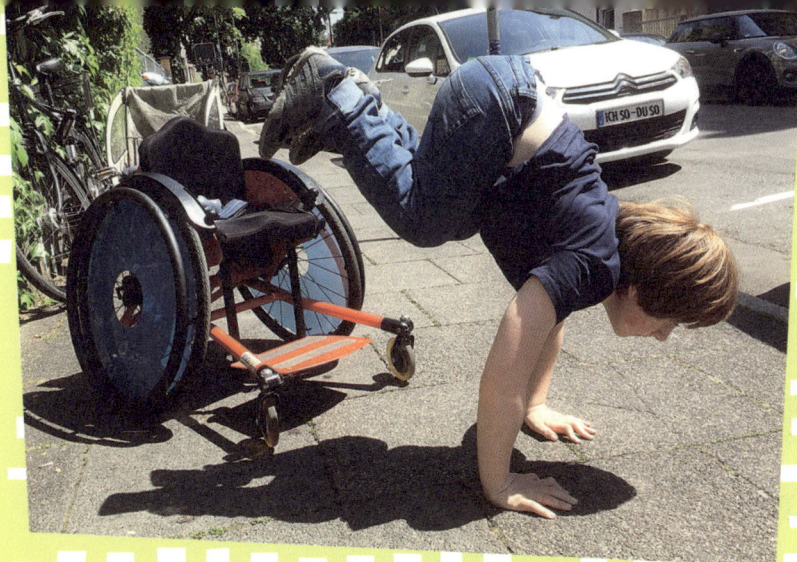

내 팔이 얼마나 힘센지 보이지?

안녕? 난 모리츠고 11살이야. 너희에게 나의 병에 대해 이야기해 주고 싶어. 난 엄마 뱃속에서 이미 불완전 골생성증*에 걸렸어. 이 병은 유전자 결함 때문에 생기는 거고, 안타깝게도 결코 벗어날 수 없어. 거의 십 년 동안 난 휠체어에 앉아 있어. 이 병은 장점과 단점이 있어. 장점은 끊임없이 바퀴를 돌려야 하기에 팔 힘이 매우 세. 단점은 내 뼈가 아주 빨리 부러지는 거야. 난 아직 운이 좋아. 다리만 빨리 부러졌거든. 팔은 너희 팔만큼 튼튼해. 어쩌면 조금 더 튼튼할지도 모르지. 내가 왜 이 병에 걸렸는지는 안타깝지만 나도 몰라. OI가 있는 것과 없는 것 사이에서 선택해야 한다면 난 언제나 OI를 선택할 거야. OI가 없으면 나는 전혀 다른 사람일 테니까.

---

* **불완전 골생성증**(Osteogenesis imperfecta)– 첫 글자를 따서 이라고 줄여 부르기도 하고, 유리뼈라고도 부른다. 그러나 이 명칭은 병을 정확히 나타내지 않는 것이어서 편견이 생길 수 있다.

기적

인간의 탄생은 기적이야. 보통 3억 개의 정자가 난자에 닿기 위해 아슬아슬한 경주를 하지. 단 한 개의 정자만이 난자에 닿아 수정을 해. 그런 다음 마법과 같은 일이 시작돼. 난자와 정자에서 새로운 인간이 탄생하는 거지. 따라서 우리는 모두 진정한 승자야.

이따금 난자에서 아기가 될 때 예기치 않은 일이 일어나기도 해. 가령 염색체가 너무 많아서 다운 증후군*을 가진 사람이 되기도 하고, 걷거나 듣거나 볼 수 없는 사람이 되기도 해. 어떤 이들은 만성 질환을 갖고 있고, 어떤 이들은 제대로 말하는 법을 배우지 못하며, 또 어떤 이들은 팔 하나가 없기도 하고, 어떤 이들은 제약과 장애를 갖고 살아가야 하는 수도 있어. 따라서 '정상적인' 삶을 살기가 어려울 수 있지.

하지만 정상적인 삶은 모든 인간이 바라는 바야! 그들은 모두 함께하기를 바라. 장애가 있든 없든 말이야. 학교, 영화관, 수영장, 쇼핑, 버스, 아이스크림 가게, 어디서든. 다르다는 것이 정상이라면, 다르기 때문에 모두 환영받는다면, 모든 인간은 어디서나 함께할 수 있을 거야.

* **다운 증후군**—모든 인간의 체세포에는 부모로부터 물려받은 정보들을 지닌 염색체들이 있다. 염색체는 우리의 생김새를 결정한다. 가령 붉은색 머리털을 지닐지 검은색 머리털을 지닐지를 결정하는 것이다. 거의 모든 인간들은 46개의 염색체(23개는 어머니로부터, 23개는 아버지로부터 물려받았다.)를 갖고있다. 다운 증후군을 앓고 있는 사람은 21번째 염색체가 3개이다. 그래서 다운 증후군을 21삼체성이라고도 부른다. 600명 가운데 1명은 다운 증후군을 갖고 태어난다. 독일에서는 약 5만 명의 사람들이 3개의 21번째 염색체를 갖고 살아간다.

사람들은 '불구자'라든가 '병신'*이라는 말을 써. 아무 생각 없이 또는 모욕을 주기 위해 그렇게 하지. 말은 아프게 할 수 있어.
말은 힘이 세. 너나 네가 좋아하는 누군가가 장애가 있다고 생각해 봐.
그런 어리석은 말이 얼마나 마음을 상하게 하는지 알겠지?

---

*병신 – 신체의 어느 부분이 온전하지 못한 기형이거나 그 기능을 잃어버린 사람을 말한다. 병신이라는 욕은 생각이 모자라고 행동이 어리석다고 여겨지는 사람을 얕잡거나 핀잔하여 이를 때 쓴다. 하지만 병을 앓거나 사고를 당해서 본디 대로 온전하지 못하게 된 몸을 가진 사람을 생각하면 절대 해서는 안 되는 말이다.

나는 너야

너 자신이 대접받고 싶은 대로
다른 사람들을 대접하라.

정말 아주 간단하지?

그리고 자신을
좋아하는 것도 도움이 된다!

1A

배기량	1.8리터
킬로와트/마력	92/125
기통	4
최고 속력	198km/h

1B

배기량	1.8리터
킬로와트/마력	92/125
기통	4
최고 속력	198km/h

2A

배기량	1.8리터
킬로와트/마력	92/125
기통	4
최고 속력	198km/h

2B

배기량	1.8리터
킬로와트/마력	92/125
기통	4
최고 속력	198km/h

1C

배기량	1.8리터
킬로와트/마력	92/125
기통	4
최고 속력	198km/h

1D

배기량	1.8리터
킬로와트/마력	92/125
기통	4
최고 속력	198km/h

2C

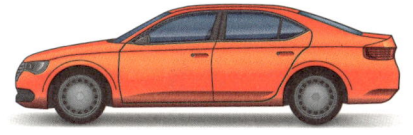

배기량	1.8리터
킬로와트/마력	
기통	
최고 속력	

2D

배기량	1.8리터
킬로와트/마력	92/125
기통	4
최고 속력	

> 흥미진진한 게임이 될까?

배낭 필립

청소년이었을 때
나는 일 년 동안
프랑스에서 학교를 다녔다.

학용품, 공책, 책, 연필을
회색 배낭에 넣고 다녔다.

프랑스 학생들은 진짜 책가방이나 천과 가죽으로 된 가방, 또는 서류 가방을
갖고 다녔다. 배낭을 갖고 다니는 아이는 하나도 없었다.

어느 날 아이들은 내 뒤에서 외쳤다! 나는 기분이 비참했다.

그날부터 나는 배낭을 멘 괴상한 독일 아이였다.

며칠 뒤 나는 운동장에서 한 소년이 내 것과 똑같은 모델에 똑같은 색깔의 배낭을 메고 있는 것을 보았다.

그리고 점점 더 많은 아이들이 배낭을 멨다. 분명 여러 아이들, 적어도 20명의 아이들이 내 배낭을 멋있다고 생각하고 자신들도 하나씩 샀던 거다. 이렇게 나는 아웃사이더였지만 유행을 만들어 냈다.

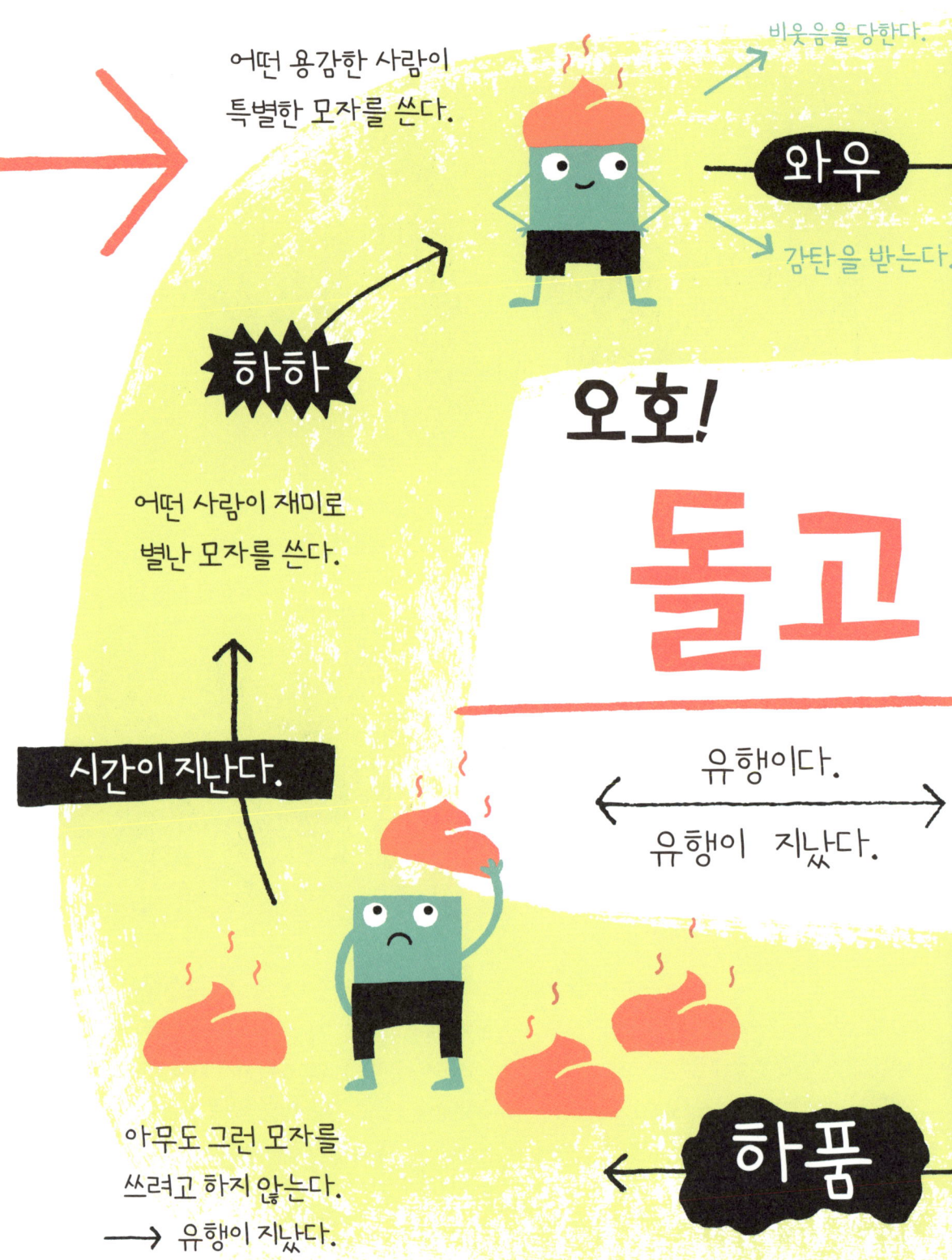

몇몇 사람들이
그런 모자를 산다.

또 도는
유행

모두들
그런 모자를 원한다.

모두들 그런 모자를 쓴다.
그는 이제 더는 특별하지 않다.

그 모자를 만든 사람도 부자가 된다.

이는 더 하얗게 ✓

머리카락은 더 빛나게 ✓

피부는 더 깨끗하게 ✓

눈은 더 크게 ✓

다리는 쭉 뻗게 ✓

+ '태닝' 효과 ✓

... 그리고 이제
#안녕
#나야
#노필터

... 그리고 포스팅!

아이들을 위한 크리스마스 달력은
1879년부터 있었어.

당시에는 엄마들이 석판 위에
백묵으로 24개의 선을 그려 놓았지.

아이는 날마다 선 하나를 지우면서
하루하루 크리스마스를
기다렸어.

나는 우리 반 남학생에게 빠졌다.
그 남학생하고도 친구이고 나하고도
친구인 애가 내게 말했다.
"걔도 널 좋아해. 만약 네가 5킬로그램을
빼면 너희 둘은 잘 될 수 있을 거야."

5킬로?
뭐라고?
　　마이너스 5킬로?
내가 5킬로 빼면
5배 더 가치가 있을까?

며칠 동안 나는 이 문제를 곰곰 생각했다.
그러는 동안 어느새 사랑의 느낌이 사라졌고
나는 더 이상 체중계 위에
올라가지 않았다.

난 꽤 키가 커

외르크

요즘은 그다지 눈에 띄지 않아. 키가 큰 사람이 옛날보다 훨씬 많으니까. 그렇지만 내가 어렸을 때는 어떤 식으로든지 키에 대한 말을 듣지 않고 지나가는 날은 없었어.

거리에서 생판 모르는 사람들이 내게 말을 걸었어.

그 위 공기는 어때?

한동안 나를 보지 못한 친척들은 놀라워했어.

아니, 이렇게나 크다니!

담소를 나눌 때마다 똑같은 일이 벌어졌어. 늘 이런 질문이 나왔지.

너 키가 얼마나 되니?

198쯤 될걸?

난 한 번도 키를 재 보지 않았어.(★)

→ ★) 정말이야. 난 들을 때마다 재미 삼아 말했어. 그러다 고등학교 때 처음 재 보았는데 198이었어.

끊임없이 그런 말을 들으니까 짜증이 났어.

그렇지만 언제부터인가 사람들이 나쁜 뜻으로 하는 말이 아니라는 걸 깨달았지. 그들은 나를 화나게 할 생각이 없었어!

그렇게 생각하자 편안해졌어.

나는 '크다'가 여러 사람에게 '좋다'는 뜻이기도 하다는 것을 알아챘어.

심지어 이따금은 맞는 말이었지.

여기 위쪽 공기 좋은데!

하지만 또 그렇게 근사하지만은 않아.

놀랍게도 아주 많은 사람들이 자신의 키에 만족스럽지 않은 듯이 보여.
이따금 센티미터를 따지기도 해!
난 도무지 이해할 수 없어.

나에겐 모두 똑같아 보이는걸.

일상에서 나는 내 키를 전혀 의식하지 못해.

나는 깜짝 놀라지.
난 내 큰 키가 그토록 뚜렷하게 보일 때면 늘 놀라.
그럴 때면 키가 정말 불편해.
난 눈에 띄고 싶지 않거든.

나처럼 키 큰 사람들을 만나면 난 내가 평소에 키를 낮추고 있었다는 걸 깨달아.

나는 사람들이 올려다 봐야 하는 것이 싫어.

나는 같은 눈높이에서 이야기 할 수 있는 것이 편안해.

근시

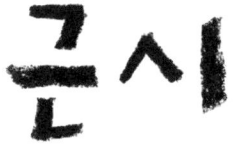
알렉스

난 근시다. 멀리 있는 것이 또렷하게 보이지 않는다는 말이다. 나에게 멀다는 것은 20센티미터보다 멀리 떨어져 있다는 뜻이다. 음식을 먹으려고 식탁에 앉아 있는데 안경이 없으면 식탁의 다른 사람들이 눈을 감고 있는지 뜨고 있는지 알아보지 못한다. 책장에 꽂힌 책등에 무슨 글씨가 쓰여 있는지도 보이지 않는다. 안경이 없으면 지금 타이핑을 하고 있는 이 문장도 보이지 않을 거다. 자전거를 탈 수도 없고 볼링도 할 수 없으며 텔레비전도 보지 못한다. 안경이 없으면 세상은 알록달록한 하나의 평면이다. 윤곽도 글자도 없는.

열두 살 때부터 그렇다. 안과 의사가 안경을 처방해 주었을 때 난 쓰지 않으려고 했다. 절대 안경을 쓰고 싶지 않았다. 안경을 쓰면 내가 누군지 아무도 알아보지 못하리라고 생각했기 때문이다. 아무도 나를 자세히 묘사하려고 하지 않을 거라고. "알렉스는 피아노를 치고, 개를 좋아하고, 스케이트보드를 타고 친구들을 만나는 걸 좋아해."라고 말하는 대신 모두들 "알렉스? 안경 쓴 애?"라고 말할 것 같았다.

그래서 나는 안경을 쓰지 않았다. 거의 보이지 않았지만, 안경 쓴 애가 되는 것보다는 나았다. 학교에서는 칠판 글씨를 읽을 수 없었다. 친구들을 알아보지 못했기에 인사도 하지 않았다. 운동장에서는 사람들을 알아보려고 눈을 아주 가늘게 뜨고 주위를 둘러보며 서 있었다. 어떤 아이들은 내가 아무한테도 인사하지 않고 눈을 찡그리고 있으니까 거만하다고 생각했다.
청소를 할 때는 쓰레기가 어디 있는지 보이지 않았다. 과자 그릇에 손을 뻗었다고 생각했는데, 그건 재떨이였다. 캠핑장에서는 내 텐트를 찾지 못했다. 영화관이든 호수든, 운동장이든, 어디론가 가야 할 때면 난 늘 잘 볼 수 있는 다른 사람에게 의지했다.
한번은 친구 모나와 함께 야외 수영장에 갔다. 거기서 친구들을 만날 예정이었다.

입구를 통과하는데 모나가 물었다. "다른 애들은 어디 있어?" 그때 우리 둘 다 알게 되었다. 모나도 근시여서 다른 사람에게 의지한다는 것을. 당시에는 핸드폰이 없었기 때문에 친구들에게 전화를 걸어 어디에 있는지 물어볼 수 없었다. 우린 웃기지만 혹시 친구인지 아닌지 알아보려고 수영장에 있는 모든 사람들에게 가까이 가 보았다. 결국 친구들이 우리를 큰 소리로 불렀다. 꽤 곤혹스러웠다.

18살이 되었을 때 난 콘택트렌즈를 했다. 마침내 안경 없이 잘 볼 수 있게 되었다. 안경을 끼고 다닐 필요가 없게 된 그날부터 나는 안경을 끼고 다니기 시작했다. 선택의 여지가 생겼기 때문이다. "그렇다면 난 안경을 낀 여자가 될 거야." 갑자기 그런 생각이 들었다.

그게 어때서?

코르셋

크리스토퍼

내가 14살이었을 때 척추가 휘었다는 것을 확인했다. 아주 많이 휘어 있었다. 의사들은 '척추 측만증'이라고 불렀다.

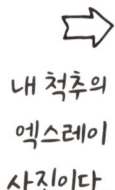
내 척추의 엑스레이 사진이다.

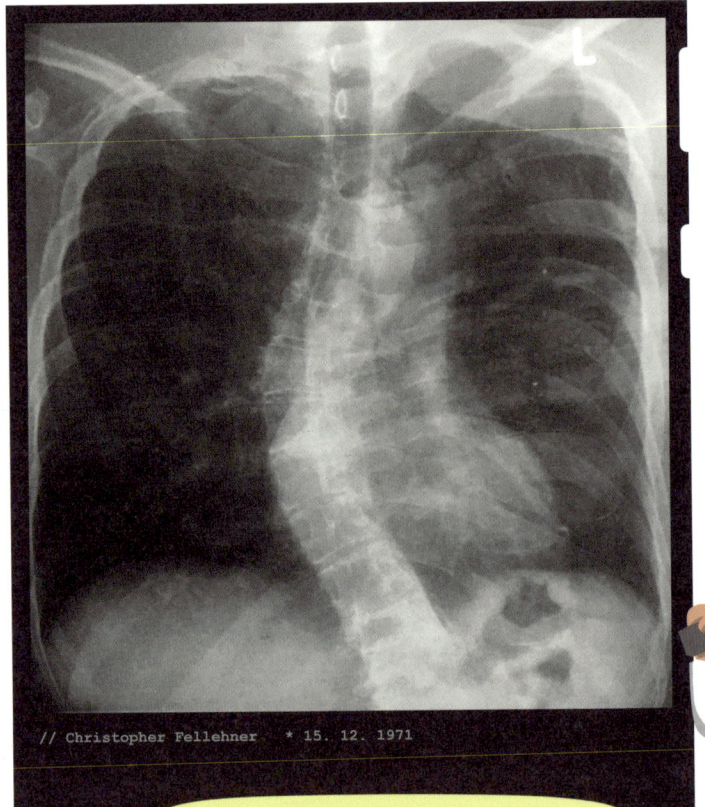

이건 정말 정상이 아닌데….

척추가 가능한 한 똑바로 자라도록 코르셋을 처방하지.

코르셋은 이렇게 생겼다.

← 딱딱한 플라스틱

나는 밤낮으로 착용해야 했다.

티셔츠 밑에 이렇게.

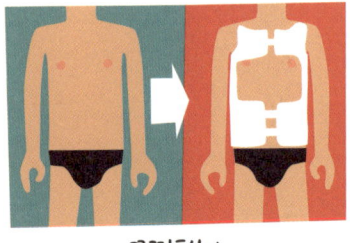

끔찍했다.

사실 밖에서는 보이지 않았지만, 그래도 다른 아이들은 재빨리 알아챘다. 어떤 아이들은 어떻게 하면 나를 화나게 할 수 있는지도 알았다.

다시 의사에게 갈 때마다 난 겁이 났다.

몇 년 뒤 나는 다행히 코르셋을 벗었다.
지금도 내 등은 휘어져 있지만, 더 이상 문제되지는 않는다.

생각해 봐.
모든 인간은
다 각기
단 한 사람밖에 없어!
너 자신을
끊임없이
다른 사람들과
비교하지 마.
너 자신을
너무 엄격하게 다루지 마.
다르다는 것은
정상이고
좋은 거야.

나는 농장에서 자랐어.

농장에서 사는 건 멋졌어.

하지만 점심 때 학교 버스를 타면
꼭 멋진 건 아니었어!

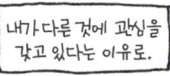

미친 일기 예보

밤에는 특히 높은 저지대에서 짙은 강아지가 빙글빙글 필 수 있습니다. 그 뒤 소나기가 오를 수 있습니다. 낮에는 해가 날고 기온은 씨앗 밖으로 훨씬 멀리 떨어질 수 있습니다. 때때로 산발적으로 구름이 쓸쓸하게 앉아 있겠습니다. 비는 가지 않겠습니다. 북북서 고리에서 팔랑팔랑 바람이 적당하게 내리겠습니다.

일학년 때 겪었던 개인적인 재앙과 그 재앙이 다시 연기처럼 사라지게 된 사연

1974년 학교에 입학한 첫날, 나는 학교에 가게 되어 너무 기뻤다. 마침내 짜증나는 유치원에 더는 가지 않아도 되었다. 새 노트가 너무 좋았고 새 연필과 책가방, 엄마가 마련해 준 책들이 너무 좋았다.
모든 것이 새것이었고 신선한 냄새가 났다. 설레었다. 가장 좋은 것은 만년필이었다. 잉크 냄새가 가슴을 몹시 두근거리게 했다. 빨리 쓰기를 배우고 싶었고 좋은 학생이 되고 싶었다. 그런데 모든 것이 달랐다.

우리 반 담임 선생님 이름은 슈미트헨이었다. 매우 말랐고, 매우 늙었으며, 매우 상냥한 남자 선생님이었다. 다 좋았다. 하지만 얼마 뒤 나는 첫 번째 공포를 느꼈다. 우리가 칠판에서 베껴 써야 했던 첫 문장에서 재앙이 일어났다. 첫 번째 글자를 쓸 때 나는 무척 행복했고, 잉크가 종이에 배어 드는 모습이 신기했다. 나는 '오'를 눌러 말린 뒤 다음 글자를 썼고, 또 다음 글자를 썼다. '오늘은'이라는 단어가 공책에 쓰여 있었다. 근사했다! 나는 자랑스러워 가슴이 터질 것 같았다. 그런데 갑자기 슈미트헨 선생님이 말했다. "자, 빨리 위에 이름을 써서 모두 제출하도록!" 다른 모든 아이들은 칠판에 적힌 문장을 베껴 썼지만 나는 제대로 시작조차 못하고 있었다.

공포가 뼛속으로 스며들었다. 내 옆자리에는 요제피네가 앉아 있었다. 요제피네가 내 공책을 낚아채더니 잽싸게 칠판의 나머지 문장을, 그것도 개발새발로 베껴 썼다. 나는 깜짝 놀랐고 슈미트헨 선생님은 뒤에서 공책을 모으기 시작했다. 요제피네와 나는 키가 가장 작았기에 맨 앞에 앉아 있었다. 아슬아슬하게 다 써서 냈다.

다음 날 돌려받은 공책에는 "참 잘했어요. 하지만 다음번에는 읽을 수 있게 쓰세요."라는 평이 적혀 있었다. 그렇게 날마다 계속되었다. 뭔가 써야 할 것이 주어지면 나는 글자를 쓰기 시작했고, 요제피네가 자기 과제를 마치면 우리는 번개처럼 공책을 바꾸었다. 슈미트헨 선생님은 이 모든 것을 알아차리지 못한 것처럼 보였다.
번번이 나는 기분이 좋지 않았다. 그렇지만 그것만이 나의 유일한 문제는 아니었다. 선생님이 질문을 할 때도 난 어딘가 이상했다. 대부분 나는 답을 알았지만 차마 손을 들고 나서지 못했다. 선생님이 나를 호명하고 모두들 나를 바라보게 될 순간이 두려웠다. 아이들이 비웃으면 어쩌지? 답이 틀렸으면 어쩌지?
처음 두 달 동안 나는 단 한 번도 손을 들고 큰 소리로 대답하지 못했다. 가을 방학 전날 슈미트헨 선생님은 단 둘이 상의할 것이 있으니 잠시 남으라고 내게 부탁했다. 나는 두렵고 언짢았다.
다른 아이들이 교실을 떠나자 선생님은 나를 교탁으로 불러 아주 조용히 물었다.
"모니, 너 학교 다니는 게 좋으냐?"
"네!" 나는 망설이지 않고 대답했다. "전 학교를 사랑해요!"
"그러리라고 생각했지!" 슈미트헨 선생님은 고개를 끄덕였다.
"그런데 말이다 왜 발표하고 싶다고 손을 안 들지? 다 알고 있으면서?!"
나는 잠시 침묵했다. 하지만 슈미트헨 선생님은 참을성 있게 내 대답을 기다렸다.

"전 늘 너무나 흥분하게 돼요!" 나는 더듬더듬 말했고 땅속으로 꺼져 버리고 싶었다.
"그래, 그렇구나. 그러리라고 생각했지!" 슈미트헨 선생님이 다시 한 번 말했다. "두고 보면 알겠지만, 다 괜찮아질 거다."
그것으로 끝?! 그랬다. 그 이상은 말하지 않았다!

그리고 가을 방학이 시작되었다. 나는 볼거리에 걸렸다. 이어서 홍역에 걸렸다. 그런 다음 맹장 수술을 했다. 무려 21일을 결석했다!
크리스마스가 되었고 잠시 뒤 한 학기 성적표가 나왔다.
이제 모든 것이 끝장났다고 생각했다. 아마 곧바로 유치원으로 다시 보내질지도 몰랐다. 하지만 너무나 놀랍게도 내 성적표에는 다음과 같은 문장이 있었다. "모니는 활기 있게 수업에 참여하는 조용하고 얌전한 학생입니다."
"활기 있게가 무슨 뜻이에요?" 집에 와서 나는 엄마에게 물었다.
"수업에도 잘 참여하고 종종 발표를 하겠다고 손을 든다는 거지! 기쁘구나." 나는 어리둥절하고 부끄러워 입을 다물었다.
부활절 방학이 끝나고 슈미트헨 선생님은 갑자기 아파서 우리 반은 다른 두 반으로 나뉘었다. 요제피네와 나는 헤어졌다. 내게는 완전히 재앙이었다.

나는 울었다. 나는 마이어 선생님 반으로 갔고 요제피네는 그로버 선생님 반으로 갔다. 둘 다 여선생님이었다. 마이어 선생님의 첫 시간이 되자 우리는 서로를 알아가기 위한 게임을 했다. 우리는 원을 만들어 함께 노래를 불렀다. "일월에 태어난 사람은 안으로 들어와라, 원 안에서 무릎을 굽혀 절해라."
일월에 태어난 아이들은 원 안으로 들어가 절을 몇 번 한 다음 몇 번 다리를 굽혔다가 원 밖에 있는 자기 자리로 돌아갔다.

모두들 노래했고 나는 몸 상태가 좋지 않아졌다. 나도 언젠가 원 한가운데로 들어가 절을 해야 할 테니까. 모두들 앞에서 말이다!!! 만약 그 달에 혼자만 생일이어서 모두 나를 바라보면 어쩌지? 공포스러웠다.
어느덧 십이월이 되었다. 그리고 노래는 끝났다. 우리는 우리 자리로 돌아갔다. 갑자기 카로가 큰 소리로 외쳤다.
"마이어 선생님, 마이어 선생님! 모니는 원 안에 들어가지 않았어요!"
쥐죽은 듯한 정적.
"아하! 그러네!" 마이어 선생님이 말했다.
"왜 그랬지?" 선생님이 친절하게 물었다.
나는 침묵을 지켰다.
"넌 언제가 생일이니?" 마이어 선생님이 조금 덜 친절하게 물었다.
"몰라요." 나는 아주 작은 소리로 대답했다.
"자기 생일을 모른대요! 자기 생일을 모른대요!"
카로가 아주 큰 소리로 반복했다.
반 전체가 깔깔 웃어댔다.
마이어 선생님이 갑자기 버럭 소리를 질렀다.
"웃는 사람에게는 벌로 엄청나게 많은 숙제를 내 줄 거다!"

즉시 모두들 쥐 죽은 듯 조용해졌다! 선생님은 잠시 생각하더니 내게 생일을 알아 오라는 숙제를 주었다. 그런 다음 반의 자리를 다시 한 번 바꾸기로 결정했고 나를 카로 바로 옆자리에 앉혔다. 하필이면 나를 일러바친 아이 옆으로 말이다. 카로는 끊임없이 의자를 흔들거리며 나를 불타는 눈으로 바라보며 작은 소리로 물었다.
"야, 이제 생각났어?" 나는 마음이 상해서 침묵했다.
"믿을 수 없어!" 카로가 속삭였다.
마이어 선생님은 우리에게 조용히 하라고 타일렀고 수업이 시작되었다.

카로는 모든 질문에 손을 들었다. 카로는 영리하고 호기심이 많았다. 카로는 나를 가만히 놓아두지 않았다.

"왜 넌 함께 놀지 않아? 말해 봐." 카로가 몹시 궁금해했다.
"그럴 자신이 없어!"
"헐 정말? 어떻게 그런 일이? 벼락이 떨어지냐? 맞아, 벼락이 학교에 떨어진다고 상상해 봐. 옆 반에 말이야. 그로버 선생님네 반 말이야. 그 선생님 알지? 완전히 짜증나고 향수 냄새가 코를 찌르고 오른손에 호박 반지를 낀 선생님. 반지 안에 진짜 개미가 들어 있더라. 제대로 뜨개질을 한 사람은 십오 분 동안 그 반지를 끼고 있어도 된대. 정말 왕짜증 박새지. 아니다. 그런 말은 박새를 모욕하는 거야. 아주 사랑스런 새거든. 너 박새를 알아?"
그런 식으로 말이 이어지고 또 이어졌다. 일 교시부터 마지막 시간까지 그랬다. 이런 아이 곁에서 어떻게 참을 수 있겠는가? 다음 날 아침 카로는 수업 전에 기회를 엿보다가 내 생일이 언제냐고 물었다. 내가 대답해 주자 카로는 사인펜을 하나 꺼내더니 내 손을 잡고 손바닥에 커다랗게 내 생일을 썼다. 나는 카로를 묻는 눈으로 바라보았다.
"응, 잊지 말라고! 일종의 커닝을 하라는 뜻이야!"
나는 수줍게 감사 인사를 했다.

수업이 시작되었고 예고된 대로 또 다시 게임을 했다. 나는 유월에 원 안으로 들어가 절을 했고 카로가 큰 소리로 엉터리 노래를 불렀다.
"오 예에에 오 예에에. 유월이 생일이구나. 오 예에에 오 예에에!"
모두들 웃었다. 마이어 선생님은 엄격하게 보이려고 애를 썼지만 빙긋 웃었다. 마이어 선생님의 계획은 성공임이 드러났다. 카로는 내게서 모든 불안을 없애 주었다.
우리는 친구가 되었다. 몇 주 뒤 선생님이 질문을 하면 다른 모든 아이들처럼 나도 손을 들었다.
카로는 지금 선생님이다. 나는 여전히 남 앞에 나서기를 두려워한다. 하지만 그건 전혀 문제가 안 된다. 나는 한번 말을 시작하면 많이 하고 빨리한다. 그리고 내 생일을 절대 잊어버리지 않는다.

내 이름 알파벳 C 위의 부호 나타샤

내 이름을 불러드릴게요!
빅토르 루트비히
안톤 헤트비히
오토 빅토르
이다 세사르
블라호비치입니다.

내 이름은
나타샤 블라호비치고
이분들은 우리
엄마 아빠예요.

아빠가 태어난 나라는
옛 유고슬라비아인데,
언제가부터 살기가
편치 않게 되었대요.

다행히 아빠는 독일에 친구가 있었어요.
그 친구가 아빠에게 떠나라고 충고했어요.
아빠는 독일로 떠났어요. 일 년 동안 독일에서
일을 한 다음 캐나다로 가려고 했어요.

독일에 도착하자마자
아빠는 엄마를
알게 되었어요.

아빠는 독일어를 몰랐고 엄마는
크로아티아어를 몰랐어요.
그래서 둘은 춤추러
자주 갔어요.

나는 마음이 편치 않았어요.
나는 또래에 비해 키가 너무 컸어요.
나는 꽃가루 알레르기에 걸렸어요.
나는 읽기도 철자법도 약했어요. 나는 세례를 받지 않았어요.
내 성 알파벳 c 위에는 부호가 있어요.
č 이렇게요. 독일어에는 없는 철자예요.

플라호비치?
어떻게 쓰는 거니?
발음이 맞니?

옛 유고슬라비아에서는 누구나 내 성을
어떻게 쓰고 발음하는지 알았어요.
그곳에서 내 성은 아주 정상이었어요.
독일의 성 마이어, 뮐러, 슈미트처럼요.

방학이 되면 해마다 우리는
옛 유고슬라비아로 가서
우선 아빠의 가족을 만나고 다음에는
바다로 갔어요. 언제나 아름답고 근사했어요.

우리는 우리 마을에서 모두 독일인이 아닌 유일한 가족은
아니었어요. 하지만 다른 가족들은 금방 표가 나지 않았어요.
아빠가 독일인이라서 성이 다 독일 성이었거든요.

야나 힌츠
아빠: 독일인
엄마: 체코인

랄프 쿤츠
아빠: 독일인
엄마: 이집트인

나
아빠: 크로아티아인
엄마: 독일인

나는 그들의 성이 부러웠어요.
그들은 철자를 말할 필요가
없으니까요. 누구나 어떻게
쓰는지 알고 있었으니까요.

나는 가끔 이 문제를
해결하는 상상을 했어요.

나타샤 블라호비치,
너 내 아내가 되어 줄래?

난 요리를 할 수 있고,
말 타러 갈 수 있고,
너의 눈에 담긴 모든
소원을 읽을 수 있어!
그리고 내 이름의 성은
멋진 독일 성이야.

좋아!

요즘에는 이름 때문에 예민하게 굴지는 않아요.
나는 내 이름의 철자를 불러 주는 것이 나쁘지 않다고 생각해요.
그렇지만 이따금 난처하기는 해요.
나를 알기 전 성만 듣고는 많은 사람들이 나를 불신하는 눈으로 보는데,
그럴 때마다 난 놀라요. 낯설게 들리는 이름에 대한 편견이 아직도
존재하나 봐요.

너에게 힘을 주었던 노래는?

사람이 선택할 수 없는 것들이 있어.

가령 어디서 태어날지.
어떤 부모를 가질지.
부모가 부자일지 또는 가난할지.
건강할지 병이 있을지.
키가 클지 작을지.
피부색은 무엇일지.
눈 색깔은 무엇일지.

스스로 결정할 수 없는 것들은
이것 말고도 무수히 많아.

이 모든 것들은 한 사람이
얼마나 다양한지를 말해 주지만,
그 사람이 얼마나 가치 있는지는 말하지 않아.

우린 이래

우리는 몇몇 사람들에게
어린 시절 이야기를 해 달라고 부탁했다.
지금부터 그들의 이야기를 들어 보자.
성실한 답변과 이야기를
들려 준 분들께 감사한다.

펠리시타스

42살. 전에는 직접 기사와 책을 썼지만 지금은 다른 작가들의 책을 만드는 일을 하고 있다.

자신이 정상이 아니라고 생각하는 것이 있나요? 난 얼굴, 배, 팔, 다리, 온갖 곳에 주근깨가 있다. 가끔 점박이 새처럼 보일 거라고 생각한다. 나는 발이 몹시 크다. 맞는 신발이 없을 정도로 크다.

다른 사람들이 보기에 당신이 정상이 아니라고 생각할 만한 것이 있다면? 모른다.

어렸을 때는요? 자신이 정상이 아니라고 느꼈던 경험이 있나요? 이따금 보이지 않는 상대랑 이야기할 때 들킨 적이 있다. 난 외동이고 우리 이웃에는 다른 아이들이 하나도 없었다. 그래서 내가 책에서 알게 된 인물들이 내 실제 친구가 되었다. 친구하고는 이야기를 주고받고 비밀을 나누지 않는가. 다른 사람들이 친구를 볼 수 있거나 없거나 상관없이 말이다. 물론 사람들은 내가 혼잣말을 한다고 생각했다.

기분이 좋았나요? 아니다.

어떤 것이 도움이 되었을까요? 다른 아이들이 자신들도 보이지 않는 친구가 있다고 인정했더라면 도움이 됐을 것이다. 수호천사 같은 것 말이다. 누구나 수호천사와 비슷한 걸 갖고 있다. 하지만 난 수호천사와 이야기하는 사람을 보지는 못했다. 그것은 수호천사에게도 인간에도 안타까운 일이라고 생각한다.

세르하트

41살, 건축가

자신이 정상이 아니라고 생각하는 것이 있나요? 난 비둘기, 닭, 오리와 같은 새가 무서웠다.

다른 사람들이 보기에 당신이 정상이 아니라고 생각할 만한 것이 있다면? 내가 새를 무서워한다는 것.

어렸을 때는요? 자신이 정상이 아니라고 느꼈던 경험이 있나요? 아빠가 1980년 터키에서 쿠데타가 난 뒤 터키 비밀경찰에 정치적으로 쫓겼을 때. 아버지는 터키 사회주의 노동당원이었고 좌파 교원 노동조합의 활동적인 회원이었다. 우리 가족은 모습을 감추고 5년 동안 네 번 이사를 했다. 나는 세 번 전학을 했는데 그때마다 아이들에게 우리가 어디서 왔는지 말해서는 안 되었다. 우리 부모님의 직업에 대해서도 말해서는 안 되었다. 우리 부모님은 나와 형이 학교 가는 첫날에는 언제나 아이들이 우리가 어디서 왔고 부모님이 뭘 하는지 물어봐도 말해서는 안 된다고 가르쳐 주었다. 부모님이 만나는 소수의 친구들은 갑자기 새로운 이름으로 바꿨고 우리는 그들을 진짜 이름으로 불러서는 안 되었다. 오랫동안 그렇게 살다가 오 년 뒤 비밀경찰에게 발각되었다. 그런 다음 부모님은 감옥에 갔다. 당시 나는 이 모든 것이 정상이 아니라고 느꼈다.

기분이 좋았나요? 아니다.
어떤 것이 도움이 되었나요? 형. 우리는 사실 늘 함께했다. 형은 언제나 나를 보호해 주었고 언제나 내가 하는 모든 것을 지지해 주었다.

니콜라

45세, 디자이너

자신이 정상이 아니라고 생각하는 것이 있나요?
내 머리카락은 아주 밝은 색이다.

다른 사람들이 보기에 당신이 정상이 아니라고 생각할 만한 것이 있다면? 다른 아이들도 내 머리가 유별나게 금발이라고 생각했다.

어렸을 때는요? 자신이 정상이 아니라고 느꼈던 경험이 있나요? 어렸을 때 브라질에서 살았는데 거리의 사람들이 나를 보면 멈춰 섰다. 이런 금발의 아이를 본 적이 없기 때문이었다. 그들은 내 머리를 쓰다듬고 나를 공중으로 들어올렸다.

기분이 좋았나요? 그렇기도 하고 아니기도 했다.
어떤 것이 도움이 되었을까요? 나는 특별해 보이는 것이 늘 부담스러웠지만, 자랑스럽기도 했다. 지금은 머리 때문에 어디서나 환영을 받는다. 사람들은 금발을 가진 사람들에게 매료된다. 웃기는 일이다. 아마도 금발을 동화에서처럼 좋은 것, 사랑스러운 것과 연결시키기 때문일 거다. 유감스럽지만 외모는 다른 사람들에게 어떻게 대접받는지를 결정한다. 내 아들 하나가 금발인데 나와 정확히 똑같은 일을 경험하고 있다.

틸

47세, 출판인

자신이 정상이 아니라고 생각하는 것이 있나요? 가려운 옷과 솔기에 절대적인 공포를 갖고 있다. 그것은 정말 정상이 아니다. 하지만 달리 바꿀 수도 없다.

다른 사람들이 보기에 당신이 정상이 아니라고 생각할 만한 것이 있다면? 눈에 띄는 수집벽. 잡지, 전광판, 책을 모은다. 난 언제나 나 같은 사람이 없으면 박물관도 없을 거라고 말한다. 다들 언제나 모든 것을 내버릴 테니까.

어렸을 때는요? 자신이 정상이 아니라고 느꼈던 경험이 있나요? 나는 반 친구들보다 눈에 띄게 커서 우뚝 솟아 있었다. 게다가 난 지독히 수줍었다. 겁쟁이 토끼였다. 특히 사춘기 때는 내가 끔찍하게 못생겼다고 느꼈다. 나는 키가 크고 동작이 굼떴으며, 코는 너무 두툼했고, 귀는 너무 크고 쫑긋했다. 몸이 거대해서 군중 속에 숨을 수도 없었다. 몇몇 비열한 동급생들은 나를 놀렸고 나는 방어할 수 없었다. 17살이 될 때까지 나는 매우 외로웠고 거의 친구가 없었으며 모든 것을 혼자 했다. 나는 이 시절로 절대 돌아가고 싶지 않다.

기분이 좋았나요? 전혀, 절대.
어떤 것이 도움이 되었을까요? 왕따시키지 않는 동급생들. 어른이 되어서도 나는 비열한 것을 참을 수 없다. 어른이 되고 보니 이 시절이 나를 강하게 했다는 걸 깨달았다. 나는 어디서나 소외된 사람들을 만들지 않으려고 노력한다.

안겔라

43세. 글쓰기에 이어서 건축 공부를 한 뒤
한 방송국에서 무대 디자이너로
일하고 있다.

자신이 정상이 아니라고 생각하는 것이 있나요? 완전히 대머리가 될 때까지 머리가 빠진다.

다른 사람들이 보기에 당신이 정상이 아니라고 생각할 만한 것이 있다면? 나는 머리가 없기 때문에 두건을 쓰고 다닌다. 사람들은 종종 그 까닭을 묻는다. "화학 요법 때문인가요, 아니면 유별난 스타일인가요?"라고.

어렸을 때는요? 자신이 정상이 아니라고 느꼈던 경험이 있나요? 사춘기가 될 때까지 나는 거의 오로지 '아무 것도 넣지 않은' 국수만 먹었다. 심지어 깡통에 든 라비올리조차 씻어 먹었다. 친구들 집에 식사 초대를 받아 가면 언제나 똑같이 국수만 먹고 싶다고 말했다.

기분이 좋았나요? 아니다.

어떤 것이 도움이 되었을까요? 파스타가 가장 건강에 좋은 음식으로 여겨졌다면, 그래서 식사 때마다 빠지지 않고 나오는 음식이었으면 도움이 되었을 것이다. 아무도 내 성장이나 혈액 상태를 걱정할 필요가 없었을 테니 말이다. 언젠가 절대적인 국수 광기가 항복하고 다른 음식들이 먹고 싶어지기 시작했다. 지금은 내 접시 위에 놓이지 않는 것은 거의 없다.

하우케

47세, 작가

자신이 정상이 아니라고 생각하는 것이 있나요? 생각 안 해 봤다.

다른 사람들이 보기에 당신이 정상이 아니라고 생각할 만한 것이 있다면? 아마 자동차 운전과 멋진 자동차를 무지 좋아하는 것. 내 주변 사람들은 모두 자동차에 별 관심이 없다. 거의 모두 언제나 아주 따분한 자동차를 탄다. 그들은 자동차의 기능 밖에 보지 않는다. 하지만 나는 자동차를 타고 있는 것이 좋다. 여기서는 방해받지 않으며 한 가지 일, 그러니까 운전만 해야 한다. 그럼에도 불구하고 경치를 보고 음악이나 이야기를 들을 수 있다.

어렸을 때는요? 자신이 정상이 아니라고 느꼈던 경험이 있나요? 나의 간 소시지(돼지나 소의 간이 들어간 소시지)에 대한 열정. 한 동안 나는 다른 것은 아무 것도 먹지 않았다. 내가 새엄마에게 나의 앨범을 봐도 좋다고 했을 때 새엄마는 거기에 간 소시지를 그려 주고 "네가 먹은 음식이 곧 너다!"라고 써 주었다. 그때 나는 두 배로 비정상같이 느껴졌다. 간 소시지를 먹는 간 소시지.

기분이 좋았나요? 아니다.

어떤 것이 도움이 되었을까요? 지금은 아빠가 되었다. 내 큰딸이 당시 내 나이만큼 되었다. 딸은 특히 간 소시지를 좋아한다. 나는 딸에게 간 소시지를 언제나 많이 사 주고 함께 먹는다. 진짜 간 소시지 잔치를 벌인다!

야니

33세. 15년 동안 책을 팔았고,
지금 다시 대학 공부를 하고 있다.

자신이 정상이 아니라고 생각하는 것이 있나요?
글쎄요.

다른 사람들이 보기에 당신이 정상이 아니라고 생각할 만한 것이 있다면? '여자답지' 않게 흔들흔들 걷는 걸음걸이. 얼굴의 털. 뽑아내지 않으면 뺨과 턱에 검고 뚜렷하게 보인다.

어렸을 때는요? 자신이 정상이 아니라고 느꼈던 경험이 있나요? 아주아주 많다. 그 가운데 하나는 내가 열세 살이었을 때 가장 친한 여자 친구들이 좋은 의미에서 나더러 좀 여자애처럼 행동하라고 진지하게 충고를 해 주었다. 화장도 하고 등도 똑바로 하라고. 걸으면서 어깨를 이리저리 흔들지 말고 목소리도 좀 더 낮추라고. 그렇게 해야만 남자 친구를 얻을 기회가 있을 거라고 했다. 우리 모두 남자 친구가 목적이었다.

기분이 좋았나요? 아니다.
어떤 것이 도움이 되었을까요? 우리 모두 '남자 친구'를 갖는 것이 그다지 중요하지 않다고 생각해 봤더라면 도움이 되었을 것이다. 내 여자 친구들이 내가 '너무' 여자애답지 않다고 알려 주지 않았더라면 도움이 되었을 것이다.
세상에는 단지 여자와 남자만 존재하고 모두들 어떤 집단에 속해야 하는지 결정해야 한다고, 사람들이 정해진 성별에 속하기 위해 특정한 일들을 해야 한다고 약속하지 않았더라면 도움이 되었을 것이다. 나의 부모님이 언제나 있는 그대로의 내가 옳다는 것을 가르쳐 주었던 것은 도움이 되었다.

토마스

47세. 책과 장난감을 판다.

자신이 정상이 아니라고 생각하는 것이 있나요? 유리잔과 컵의 금빛 테두리를 무척 싫어한다. 장신구도 무척 싫어한다. 특히 목에 꽉 끼는 금 목걸이를 싫어한다.

다른 사람들이 보기에 당신이 정상이 아니라고 생각할 만한 것이 있다면? 잘난 척. 유명한 작가인 아르노 슈미트의 말을 빌리자면, 나만큼 자주 옳은 말을 하는 사람은 아무도 없단다.

어렸을 때는요? 자신이 정상이 아니라고 느꼈던 경험이 있나요? 초등학교에 다닐 때 키가 작아서 키 순으로 서면 언제나 여자애들 사이에 서 있었다. 단 한 명의 여자애만 나보다 더 작았다. 그리고 그 지모네라는 여자애는 정말로 아주아주 작았다.

기분이 좋았나요? 아니다.

어떤 것이 도움이 되었을까요? 피부 색깔 순으로 섰더라면 도움이 되었을 거다. 아니면 눈 색깔 순으로 서는 것이 더 나았을지도. 아니면 일정한 기준으로 서지 않는 것이 가장 큰 도움이 되었을 것 같다.

니코

68세, 예술 교육자

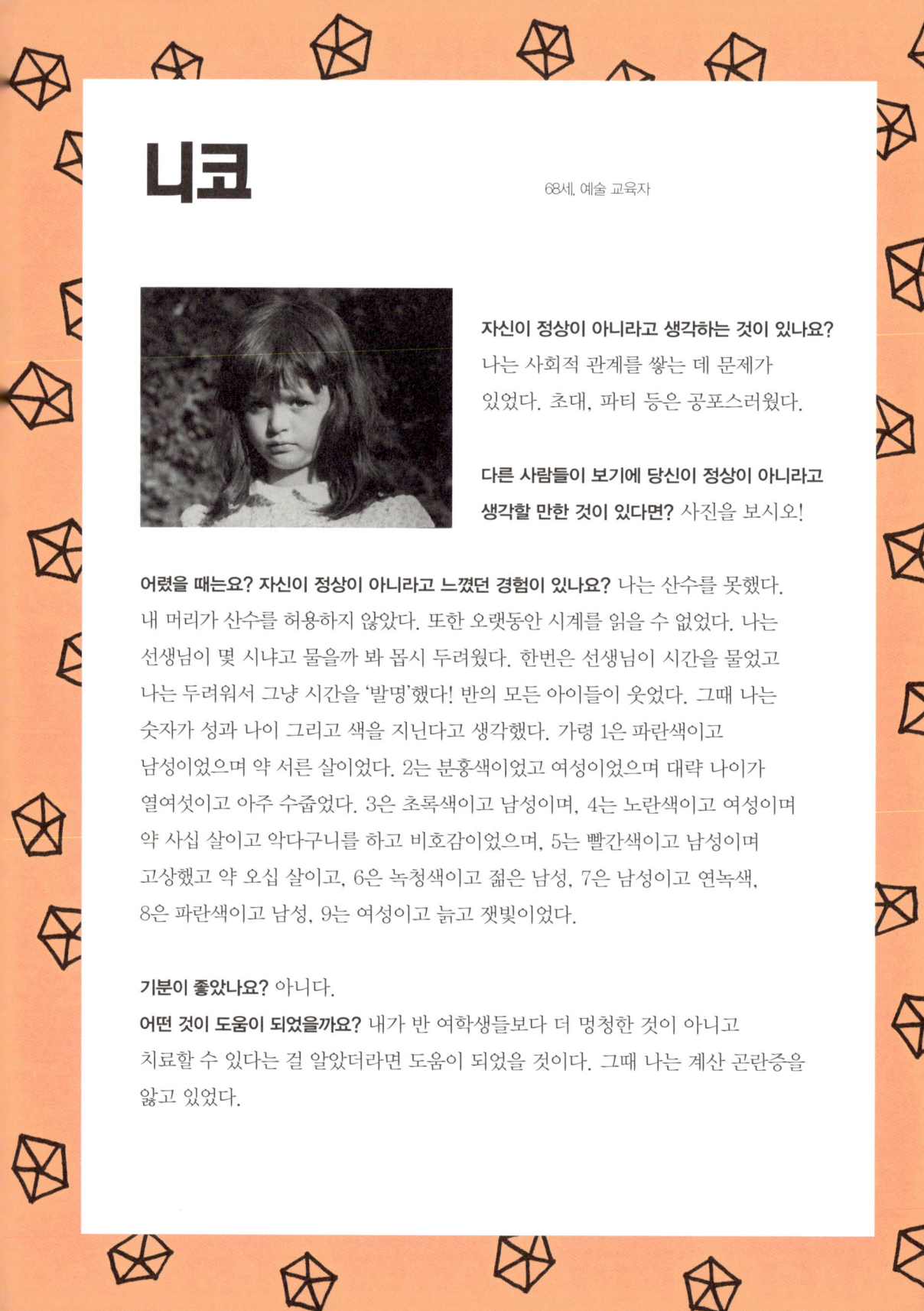

자신이 정상이 아니라고 생각하는 것이 있나요? 나는 사회적 관계를 쌓는 데 문제가 있었다. 초대, 파티 등은 공포스러웠다.

다른 사람들이 보기에 당신이 정상이 아니라고 생각할 만한 것이 있다면? 사진을 보시오!

어렸을 때는요? 자신이 정상이 아니라고 느꼈던 경험이 있나요? 나는 산수를 못했다. 내 머리가 산수를 허용하지 않았다. 또한 오랫동안 시계를 읽을 수 없었다. 나는 선생님이 몇 시냐고 물을까 봐 몹시 두려웠다. 한번은 선생님이 시간을 물었고 나는 두려워서 그냥 시간을 '발명'했다! 반의 모든 아이들이 웃었다. 그때 나는 숫자가 성과 나이 그리고 색을 지닌다고 생각했다. 가령 1은 파란색이고 남성이었으며 약 서른 살이었다. 2는 분홍색이었고 여성이었으며 대략 나이가 열여섯이고 아주 수줍었다. 3은 초록색이고 남성이며, 4는 노란색이고 여성이며 약 사십 살이고 악다구니를 하고 비호감이었으며, 5는 빨간색이고 남성이며 고상했고 약 오십 살이고, 6은 녹청색이고 젊은 남성, 7은 남성이고 연녹색, 8은 파란색이고 남성, 9는 여성이고 늙고 잿빛이었다.

기분이 좋았나요? 아니다.

어떤 것이 도움이 되었을까요? 내가 반 여학생들보다 더 멍청한 것이 아니고 치료할 수 있다는 걸 알았더라면 도움이 되었을 것이다. 그때 나는 계산 곤란증을 앓고 있었다.

라르스

65세, 작가

자신이 정상이 아니라고 생각하는 것이 있나요? 스포츠, 특히 축구를 따분하다고 여긴다.

다른 사람들이 보기에 당신이 정상이 아니라고 생각할 만한 것이 있다면? 잘 모른다. 아마도 내 가족의 혈통.

어렸을 때는요? 자신이 정상이 아니라고 느꼈던 경험이 있나요? 내 아버지는 정치가였다. 언제나 고위 관직에 있었고 세간의 주목을 받았다. 내가 학교에 입학했을 때 아버지는 마침 베를린 시장이었다. 사람들은 아버지와 우리 가족을 알아보았다. 우리 집은 24시간 경비원이 지켰다. 어느 나른하고 뜨거운 일요일, 아마 내가 열한 살때 였을 것이다. 나는 집 앞으로 나가 언제나 그곳에서 따분하게 지키고 서 있는 경찰관에게 갖고 있는 권총을 줄 수 있느냐고 물었다. 그 권총은 내 장난감 권총과 달리 검고 광택이 없었으며 묵직했다.

기분이 좋았나요? 그렇다.
어떤 것이 도움이 되었을까요? 학창 시절 알베르 카뮈의 말이 도움이 되었던 것같다. 카뮈는 책에서 "고양이의 세계는 큰 개미핥기의 세계가 아니다."라고 썼다.

지모네

48세, 플로리스트

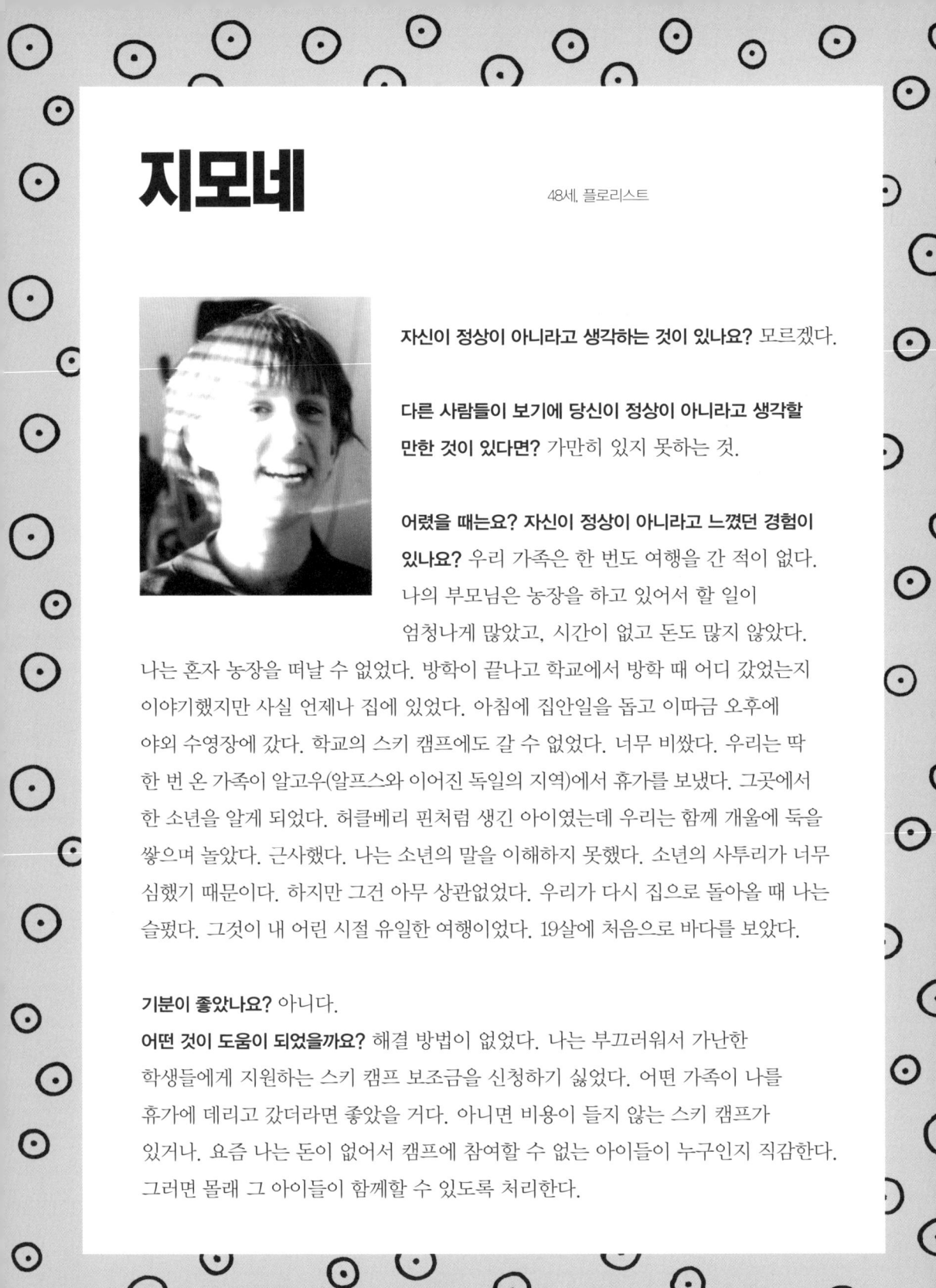

자신이 정상이 아니라고 생각하는 것이 있나요? 모르겠다.

다른 사람들이 보기에 당신이 정상이 아니라고 생각할 만한 것이 있다면? 가만히 있지 못하는 것.

어렸을 때는요? 자신이 정상이 아니라고 느꼈던 경험이 있나요? 우리 가족은 한 번도 여행을 간 적이 없다. 나의 부모님은 농장을 하고 있어서 할 일이 엄청나게 많았고, 시간이 없고 돈도 많지 않았다. 나는 혼자 농장을 떠날 수 없었다. 방학이 끝나고 학교에서 방학 때 어디 갔었는지 이야기했지만 사실 언제나 집에 있었다. 아침에 집안일을 돕고 이따금 오후에 야외 수영장에 갔다. 학교의 스키 캠프에도 갈 수 없었다. 너무 비쌌다. 우리는 딱 한 번 온 가족이 알고우(알프스와 이어진 독일의 지역)에서 휴가를 보냈다. 그곳에서 한 소년을 알게 되었다. 허클베리 핀처럼 생긴 아이였는데 우리는 함께 개울에 둑을 쌓으며 놀았다. 근사했다. 나는 소년의 말을 이해하지 못했다. 소년의 사투리가 너무 심했기 때문이다. 하지만 그건 아무 상관없었다. 우리가 다시 집으로 돌아올 때 나는 슬펐다. 그것이 내 어린 시절 유일한 여행이었다. 19살에 처음으로 바다를 보았다.

기분이 좋았나요? 아니다.

어떤 것이 도움이 되었을까요? 해결 방법이 없었다. 나는 부끄러워서 가난한 학생들에게 지원하는 스키 캠프 보조금을 신청하기 싫었다. 어떤 가족이 나를 휴가에 데리고 갔더라면 좋았을 거다. 아니면 비용이 들지 않는 스키 캠프가 있거나. 요즘 나는 돈이 없어서 캠프에 참여할 수 없는 아이들이 누구인지 직감한다. 그러면 몰래 그 아이들이 함께할 수 있도록 처리한다.

예스코

49세, 예능 기획자

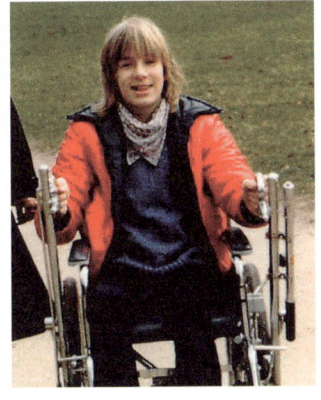

자신이 정상이 아니라고 생각하는 것이 있나요? 나는 걸을 수 없다. 내 근육들은 내 마음대로 되지 않는다. 그래서 휠체어에 의지한다.

다른 사람들이 보기에 당신이 정상이 아니라고 생각할 만한 것이 있다면? 그들은 내가 휠체어에 앉아 있는 것을 보고 이유가 뭘까 하고 생각할 거다.

어렸을 때는요? 자신이 정상이 아니라고 느꼈던 경험이 있나요? 기억할 수 있는 한 처음은 초등학교 때였다. 나는 체육 시간이 면제되었다. 하지만 구기 운동을 할 때는 잠시 동안 함께하기도 했다.

기분이 좋았나요? 당연히 아니다.

어떤 것이 도움이 되었을까요? 그건 말하기 어렵다. 보통 때는 나는 아이들과 잘 어울렸고 그것을 통해 나의 장애를 받아들이는 법을 배웠다. 나중에 보니 휠체어를 타면서 일반 학교에 다니는 건 당시 좀 특별한 일이었다. 오늘날에는 모든 어린이들이 어떻게 하면 다 같은 학교에 다니도록 할까 하는 고민을 훨씬 많이 하고 있는듯 하다. 당시보다 조력자들이 더 많아진 것이다.

바바라

53세, 문화 기획자

자신이 정상이 아니라고 생각하는 것이 있나요? 나는 여러 사람 앞에서 말하는 것을 좋아하지 않는다. 직업상 그렇게 해야 하지만, 매번 늘 커다란 모험이 필요하다.

다른 사람들이 보기에 당신이 정상이 아니라고 생각할 만한 것이 있다면? 모른다. 전에는 모두들 내가 아주 많이 먹는데도 너무 말랐다고 놀라워했다.

어렸을 때는요? 자신이 정상이 아니라고 느꼈던 경험이 있나요? 많다. 예를 들어 나는 학교 친구를 내 집에 초대할 엄두를 내지 않았다. 우리 집은 더럽고 지저분했기 때문이다. 게다가 나의 부모님은 종종 격하게 싸웠고 혹시 술이 취해 있을까 봐 두렵기도 했다. 나는 이런 상황이 정상이 아님을 알아차렸다. 내 친구들 집은 완전히 달랐기 때문이다.

기분이 좋았나요? 아니다.

어떤 것이 도움이 되었을까요? 당시 어떤 어른이, 선생님이나 친척이 우리 집이 뭔가 잘못되어 있다는 것을 알아차릴 만큼 충분히 주의를 기울여 주었더라면 도움이 되지 않았을까? 내가 이야기를 할 누군가가 있었더라면 분명 도움이 되었을 것이다. 내가 그런 경험을 하는 유일한 사람이 아니라는 것, 그것을 부끄러워할 필요가 없다는 걸 말해 줄 사람이 필요했다. 나는 오랜 시간 부끄러워했기 때문이다.

피에르

54세. 연극 배우, 작가, 무대 감독

자신이 정상이 아니라고 생각하는 것이 있나요? 나는 모든 것이 정상이었다. 단지 그때그때 상황에 따라 결정될 뿐이다.

다른 사람들이 보기에 당신이 정상이 아니라고 생각할 만한 것이 있다면? 많은 사람들이 내 피부색 때문에 나를 받아들이지 않는다.

어렸을 때는요? 자신이 정상이 아니라고 느꼈던 경험이 있나요? 어렸을 때는 정상이라고 느꼈다. 나를 모르는 아이들이 내게 '진짜' 어디서 왔느냐고 물을 때까지는 말이다. 왜 이런 질문을 하지? 피부가 검은색이어서? 나는 이해할 수 없었고 짜증이 났다. 십대가 되었을 때 나는 농담을 지어냈고 언제나 미레유 마티외(프랑스 가수)와 아프리카 족장 사이에 난 숨겨 둔 아이인데, 내 경력을 위해서 나를 떠나보냈고 내 '새' 가족을 언제나 재정적으로 도와준다고 말했다. 사람들은 종종 내 말을 믿었다.

기분이 좋았나요? 아니다.
어떤 것이 도움이 되었을까요? 다른 아이들처럼 내 피부가 흰색이었으면 무척 도움이 되었을 것이다. 그랬다면 언제나 똑같은 질문을 받지 않아도 되었을 테니까. 사람들은 지금도 그 질문을 한다. "어디서 오셨습니까?"
"글쎄요. 난 베를린 사람입니다. 샤리테(베를린에 소재한 대학 병원) 출신이죠."
"아니, 제 말은 진짜 출신이 어디시냐고요."
피부색, 외모, 출신 등이 인간이 서로 만날 때 아무 역할을 하지 않는다면 얼마나 좋을까.

헹가메흐

24세, 기자

자신이 정상이 아니라고 생각하는 것이 있나요? 나는 식초처럼 강한 냄새가 나는 많은 식료품을 무척 싫어한다. 특히 초에 절인 식품을.

다른 사람들이 보기에 당신이 정상이 아니라고 생각할 만한 것이 있다면? 내 이름. 사람들이 특히 웃기게 발음할 때.

어렸을 때는요? 자신이 정상이 아니라고 느꼈던 경험이 있나요? 우리 집은 화장실 옆에 언제나 물뿌리개가 놓여 있었다. 무슬림이 아니었던 친구들은 의문을 가졌다. 그들 집에는 욕실에 물뿌리개가 놓여 있지 않기 때문이다. 친구들은 종종 내게 왜 그게 거기 있느냐고 물었다. 나는 핑계를 지어냈다. 우리 집에서는 용변을 본 다음 물로 씻고, 화장지는 물기를 닦을 때 쓴다는 것을 인정하고 싶지 않았기 때문이다.

기분이 좋았나요? 아니, 몹시 불편했고 손님이 오면 물뿌리개를 숨겨 놓고 싶었다. **어떤 것이 도움이 되었을까요?** 화장실에 물뿌리개를 둔 아이들을 더 많이 알았더라면, 그리고 다른 아이들과 다른 세척 의식을 갖는다는 것이 부끄러운 일이 아니라는 것을 알았더라면 도움이 되었을 것이다.

마르크

34세, 회사원

자신이 정상이 아니라고 생각하는 것이 있나요? 없다.

다른 사람들이 보기에 당신이 정상이 아니라고 생각할 만한 것이 있다면? 모름.

어렸을 때는요? 자신이 정상이 아니라고 느꼈던 경험이 있나요? 내가 초등학교에 다닐 때 아버지가 돌아가셨다. 엄마가 나와 형에게 슬픈 소식을 전해 주던 순간을 결코 잊지 못할 거다. 무서웠다. 그 순간부터 나는 반에서 한쪽 부모가 살아 있지 않은 유일한 아이가 되었다. 정상이 아닌 느낌이었다. 특히 나빴던 것은 앞으로는 아버지 이야기를 입 밖에 꺼내지 말아야 한다는 느낌이 들었던 거다. 아버지를 언급하자마자 사람들이 기이한 태도를 취했다. 예를 들어 친구 집에서 커피를 마시는데 자두 케이크가 나왔다. "우리 아빠는 자두 케이크를 참 좋아해요. 때때로 혼자 절반을 다 먹어요!" 라고 나는 말했다. 그러자 모두들 충격을 받은 표정으로 서로 바라보고는 얼른 주제를 돌리려고 했다. 참기 어려운 일이었다. 나중에야 나는 모두들 동정심을 어떻게 할지 몰라서 그랬다는 걸 이해했다.

기분이 좋았나요? 아니다.

어떤 것이 도움이 되었을까요? 친구들이 물어봐 주었더라면 아주 도움이 되었을 거다. 아버지가 자두 케이크를 좋아했다고 이야기해도 괜찮았더라면, 또 그들이 이렇게 물었더라면. "아버지는 또 뭘 잘 드셨어?" 라고. 아마도 나는 서럽게 울었겠지만 더는 내 슬픔과 단 둘이 있지 않아도 되었을 거다.

크리스티네

39살, 출판인

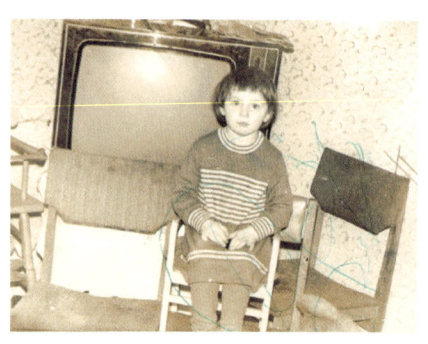

자신이 정상이 아니라고 생각하는 것이 있나요? 잘 모르겠다. 나는 정상이 아닌 것이 멋지다고 생각한다.

다른 사람들이 보기에 당신이 정상이 아니라고 생각할 만한 것이 있다면? 나는 무례한 욕을 섞어서 말한다.

어렸을 때는요? 자신이 정상이 아니라고 느꼈던 경험이 있나요? 나는 너무 말라서 해골이라고 불렸다. 소련에서 나는 독일인이었고 독일에서는 러시아인이었다. 언제나 다른 사람들과 달랐다. 정상인 적이 한 번도 없었다. 내가 일곱 살 때, 캠프에 갔을 때 둘씩 손을 잡고 줄지어 달려가야 했다. 아무도 나랑 손을 잡으려고 하지 않았다. 내 손이 너무 거칠었기 때문이다.

기분이 좋았나요? 전혀. 나는 슬펐고 버림받고 외로운 느낌이 들었다.
어떤 것이 도움이 되었을까요? 자신감이 도움이 되었다. '아, 그래? 그럼 난 혼자 가지 뭐.'라고 속으로 말하고는 혼자 갔다. 만약 어떤 친절한 친구가 있어서 "크리스티네, 무조건 너랑 함께 달릴게. 잡을 수 없을 만큼 거친 손이 어디 있어! 말도 안 되는 소리지."라고 말해 주었더라면 역시 도움이 되었을 것 같다.

디르크

38세, 농구 선수

자신이 정상이 아니라고 생각하는 것이 있나요?
사람은 모두 다르고 특별한 능력과 재능을 지니고 있다. 나 역시 그렇다.

다른 사람들이 보기에 당신이 정상이 아니라고 생각할 만한 것이 있다면? 내 키: 2미터 13센티/내 신발 사이즈: 54

어렸을 때는요? 자신이 정상이 아니라고 느꼈던 경험이 있나요? 나는 일찍부터 특대 사이즈 옷을 입었고, 5학년 때 이미 대부분의 선생님보다 키가 컸다. 기분이 별로 좋지 않았다. 쉬는 시간에 운동장을 달리면 반 친구들 옆에 있는 내가 거인처럼 느껴졌다.

기분이 좋았나요? 아니다. 재미있는 것은 농구에서 성공하는 데는 내 키가 결정적이었다는 거다. 그러니까 약점이라고 여겼던 것이 큰 장점이 된 셈이다.
어떤 것이 도움이 되었나요? 팀 스포츠가 매우 도움이 되었다. 농구 팀에는 키가 큰 소년들이 많고, 나는 멋진 공동체 속에서 제자리를 찾은 느낌이었다.

카트린

39세, 사진 작가

자신이 정상이 아니라고 생각하는 것이 있나요? 나의 모든 것은 거의 다 이해할 수 있는 것이고, 그래서 정상이라고 생각한다.

다른 사람들이 보기에 당신이 정상이 아니라고 생각할 만한 것이 있다면? 누구에게 묻느냐에 달려 있을 것이다. 집단마다 평가가 다르니까 말이다. 혹시 어두컴컴한 노래방을 과도하게 좋아하는 것?

어렸을 때는요? 자신이 정상이 아니라고 느꼈던 경험이 있나요? 여러 번 있다. 예를 들어 학교에서 주의를 잘 기울이지 못했다. 나는 창문을 내다보며 어딘가로 가는 꿈을 꾸고 있었다. 선생님이 "자 이제 모두 과제를 풀어라."라고 말했을 때에야 정신을 차렸다. 무슨 과제인지 귀담아 듣지 않았기 때문에 풀 수 없었다. 나는 만들기 시간에만 정신을 집중하고 몰두했다. 주의를 잘 기울이지 못한 덕분에 나는 내 친구들 가운데 점수가 나빠서 김나지움(독일의 중등 교육 기관)에 못 가는 유일한 아이가 되었다. 김나지움은 별 상관이 없었지만 더 이상 친구들과 함께 있을 수 없다는 사실은 내게 재앙이었다! 나는 사람들이 나를 멍청하다고 여긴다는 느낌을 받았다. 그 느낌은 나에게 큰 영향을 미쳤다

기분이 좋았나요? 아니다. 아주 싫었고 또 부끄러웠다.
어떤 것이 도움이 되었을까요? 주의력과 나 자신에 대한 인내. 어쩌면 다른 형식의 학교 제도가 있었더라면 좋았을지도 모르겠다.

롤란트

44세, 미용사

자신이 정상이 아니라고 생각하는 것이 있나요? 나는 늘 인간의 선한 면을 믿는다.

다른 사람들이 보기에 당신이 정상이 아니라고 생각할 만한 것이 있다면? 내게는 늘 나쁜 일이 일어난다. 난 아주 용감하기 때문이다. 때로는 즉흥적이기도 하다. 그래도 난 그렇게 한다.

어렸을 때는요? 자신이 정상이 아니라고 느꼈던 경험이 있나요? 다섯 살 때 가장 친한 여자 친구와 나는 유치원에 갔다. 나는 할머니가 돌봐 주었고 할머니로부터 바느질, 뜨개질, 만들기를 배웠기에 여자애들과 놀았지만 남자애들에게도 호기심이 났다. 하지만 남자애들은 나를 거부했다. 한 남자애가 이런 말을 했다. "롤란트는 동성연애자래요!" 그들은 나를 밀치고 때리고 비웃었다. 나는 '동성연애자'라는 말을 몰랐다. 학교에서도 그런 일이 계속됐다. 내가 살던 소도시에서는 남자애가 유행이라든가 예술, 수공예에 관심을 갖는 일이 정상이 아니었다. 심지어 선생님도 나에 대해 농담을 했다. 많은 아이들이 몰래 나랑 만났지만 학교 버스 안에서는 나를 멍청이로 여기는 것처럼 행동했다. 나와 함께 있는 모습을 보이는 것이 민망했던 거다. 나는 부모님께 이런 사실을 알리고 싶지 않았다. 그들 자신도 충분히 문제가 많았기 때문이다.

기분이 좋았나요? 아주 끔찍한 느낌이었다.
어떤 것이 도움이 되었을까요? 만약 선생님들이 사람마다 다르다는 건 멋진 일이고, 이런 다양성이 우리 세계를 다채롭고 흥미롭게 만든다는 사실을 아이들에게 말해 주었더라면 도움이 되었을 것이다.

아일린

45세, 요가 강사

자신이 정상이 아니라고 생각하는 것이 있나요? 남쪽 나라 스타일인 나는 언제나 내 몸의 털과 싸워야 한다. 털이 그렇게 빨리 자라는 건 정상일 수가 없다!

다른 사람들이 보기에 당신이 정상이 아니라고 생각할 만한 것이 있다면? 내 이름.

어렸을 때는요? 자신이 정상이 아니라고 느꼈던 경험이 있나요? 나는 다름슈타트에서 태어나고 자랐고 내 부모님은 터키의 이즈미르에서 왔다. 나는 내 이름이 싫었다. 아무도 멋지게 발음하지 못하고, 심지어 제대로 쓰지도 못하는 터키식 이름. 나는 누군가 이해할 때까지 수천 번 철자를 불러 주는 일을 되풀이해야 했다. 내가 철자를 불러 주기 시작하면 대부분 혼란스러워했다. 반 아이들은 무척 재미있게 생각했지만 나는 끔찍했다. 당시 나는 그냥 마리아라고 불리기를 소망했다. 누구나 아는 이름 말이다. 놀이터에서 다른 아이들과 놀 때 내 이름이 뭐냐고 물으면 나는 '주자네'라고 대답하기도 했다. 간단하니까 그랬다.

기분이 좋았나요? 아니다.

어떤 것이 도움이 되었나요? 우연이 나를 도왔다. 1982년 내가 약 열 살이었을 때 밴드 덱시스 미드나이트 러너스의 '컴 온 아일린(Come on Eileen)'이 크게 유행했다. 덕분에 모두들 내 이름을 제대로 발음할 수 있었을뿐만 아니라 노래로도 부를 수 있었다. 철자는 달랐지만 발음은 같았다. 나는 무척 행복했고 그때부터 내 이름을 사랑하게 되었다. 누가 또 내 이름에 대해 물으면 난 자랑스럽게 대답했다. "노래 '컴 온 아일린'에서처럼 아일린이야."

크리스티안

43세, 그래픽 예술가

자신이 정상이 아니라고 생각하는 것이 있나요? 사실은 없다. 하지만 상황과 기분에 따라 달랐다. 예를 들어 나는 여러 사람들 앞에서 이야기하는 것이 종종 두렵다.

다른 사람들이 보기에 당신이 정상이 아니라고 생각할 만한 것이 있다면? 누구에게 묻느냐에 달려있다. 형의 아내는 아마도 나의 동성애를 언급할 것이고 친구들은 나의 억양을 언급할 거다. 하지만 그들은 비정상이라고 일컫지 않고 오히려 특별하다고 할 거다.

어렸을 때는요? 자신이 정상이 아니라고 느꼈던 경험이 있나요? 나는 우리 반에서 머리를 어깨 아래까지 기른 최초의 소년이었다. 나는 다른 아이들보다 발육이 빨랐다. 체육 시간 뒤에 옷을 갈아입는 일은 거의 '발가벗기는' 상황이었다. 손가락으로 가리키거나 놀리는 사람은 없었지만 당시 나는 모두들 나를 우스꽝스럽게 바라본다고 확신했다.

기분이 좋았나요? 아니다.
어떤 것이 도움이 되었을까요? 바꿀 수 없는 것들이 존재한다는 사실을 받아들이는 것. 그건 요즘도 똑같이 어렵다.

아네테

45살, 작가

자신이 정상이 아니라고 생각하는 것이 있나요? 길을 찾아야 할 때 나는 특히 힘들다. 계속 길을 잃는다. 하지만 그다지 나쁘지는 않다. 아주 흥미진진한 것들을 발견하니까.

다른 사람들이 보기에 당신이 정상이 아니라고 생각할 만한 것이 있다면? 아마도 익숙해지자마자 또 다시 이사를 가고 싶은 기분. 낯선 장소에서 사는 것에 대한 즐거움.

어렸을 때는요? 자신이 정상이 아니라고 느꼈던 경험이 있나요? 열두 살 때, 내가 젖먹이일 때 입양되었다는 것을 알았는데 그건 정상이 아니었다. 입양이라는 게 있다는 건 책에서 알았다.

기분이 좋았나요? 처음에는 충격을 받았다. 내가 소설의 주인공 같은 생각이 들었다. 나는 부모님이 늘 나를 매우 사랑한다는 것을 느꼈다. 생모가 나를 버렸다고는 절대 생각하지 않았다. 당시 나는 내가 아니라 상황이 문제였다는 것을 알고 있었다. 생모가 나를 입양 보낸 건 아주 잘 한 행동이라고 생각했다. 왜냐하면 자신의 아이를 남에게 주는 것은 분명 간단한 일이 아니었을 것이기 때문이다.

어떤 것이 도움이 되었을까요? 나는 입양 사실에 대해 말하고 싶었지만 내 부모님은 원하지 않았다. 내가 놀림을 당할 거라고 생각했기 때문이다. 물론 그래도 나는 가장 친한 친구들에게 이야기했다. 난 비밀주의 따위는 결코 좋아하지 않았다.

조피

28세, 간호사

자신이 정상이 아니라고 생각하는 것이 있나요? 나는 무척 빨리 울기 시작한다. 슬픈 일이든 멋진 일이든.

다른 사람들이 보기에 당신이 정상이 아니라고 생각할 만한 것이 있다면? 나는 아주 일찍 잠자리에 들고 오래 자는 것을 좋아한다. 다른 사람들보다 잠이 많은 것 같다.

어렸을 때는요? 자신이 정상이 아니라고 느꼈던 경험이 있나요? 엄마는 성탄절 때에만 가족과 함께 식탁에 앉았던 것 같다. 보통 때는 늘 다이어트를 했다. 가족과 함께 수영장에 가면 엄마는 늘 다른 사람의 몸을 훑어보았다. "봐라, 근사하게 날씬하구나!", "저기 위에 있는 여자는 피부색이 오렌지 빛이 아니네. 부럽다!", "저 사람 쇄골이 우아하게 보이지 않니?" 이런 일을 겪으며 나는 내 자신이 끔찍하게 뚱뚱하고 떳떳이 내보일 만한 용모가 아니라고 생각하게 되었다. 나는 내가 얼마나 많이 먹었고, 얼마나 더 먹어도 되는지 알고 있었다. 나는 모든 식료품의 칼로리를 알고 있었고 몸무게가 늘었는지 줄었는지를 작은 노트에 기입했다. 그리고 내 엄마가 더 날씬한 아이를 갖고 싶어 했을 것이며 내가 엄마를 실망시킨다고 느꼈다. 엄마는 나에 대해 아무 말도 하지 않는데도 말이다.

기분이 좋았나요? 아니다.

어떤 것이 도움이 되었을까요? 다른 사람들의 몸을 평가하지 말았더라면. 다행히 나는 이 주제에 전혀 관심을 갖지 않는 좋은 친구들이 있었다. 가족 밖에서는 다른 주제에 몰두했다. 하지만 여전히 머릿속에서는 계속 칼로리 계산을 했다. 내가 어른이 되어 집에서 이사를 나왔을 때에야 비로소 해방되었다.

가장 친한 친구

영원히

사실 난 네가 싫었어.

난 너의 빨간색 자동차를 갖고 놀아서는 안 되었지.

게다가 네가 입학 선물로 받은 과자 봉지는 내 것보다 훨씬 가득 차 있었고!

언제나 결정적인 페널티 킥은 네가 해야 했지.

자전거 경주에서도 넌 이길 수 없었어.

우린 때때로 심하게 다투었어.

넌 웃기는 것에도 관심이 있었지.

어느샌가 넌 나를 위한
시간을 거의 낼 수 없었어.

그래도 우리가 오랫동안
안 보는 일은
결코 없었어.

우린 언제나 너무나 달랐어.

난 도시를
좋아했고
넌 자연을 좋아했지.

난 골프를 치고
싶었고 넌 볼링을
하고 싶어 했고.

하지만 너하고 있을 때처럼
많이 웃을 수 있는 순간은
없었어.

근사하지 않아?
우리가 가장 친한 친구여서?

독일 기본법 3조
모든 사람은 법 앞에 평등하다.
남녀는 동등한 권리를 가진다.
누구도 성별, 혈통, 인종, 언어,
고향과 출신, 신앙, 종교관 또는
정치관으로 말미암아 불이익을
받거나 특혜를 받아서는 안 된다.
누구도 신체적 장애를 이유로
불이익을 받아서는 안 된다.

대한민국 헌법 제11조
① 모든 국민은 법 앞에서 평등하다. 누구든지 성별·종교 또는 사회적 신분에 의하여 정치적·경제적·사회적·문화적 생활의 모든 영역에 있어서 차별을 받지 아니한다.
② 사회적 특수 계급 제도는 인정되지 아니하며, 어떠한 형태로도 이를 창설할 수 없다.
③ 훈장 등의 영전은 이를 받은 자에게만 효력이 있고, 어떠한 특권도 이에 따르지 아니한다.

아틀리에 실험실

우리 실험실 사람들도 완전히 다르다. 우리는 모두 합쳐 평균적으로 45.6살이며 1,78미터이고, 여성이고, 몸무게는 68.3킬로그램이며 신발사이즈는 40.7이다. (2017년 5월 상황)

크리스토퍼 펠레너 Christopher Fellehner.
28–29, 92–93, 114–115, 142쪽의 그림을 그렸다.
사진은 크리스토퍼가 11살 때이다.

앙케 쿨 Anke Kuhl .
15–17, 23, 39–43, 49–53 쪽의 그림을 그렸다.
그밖에 62–83쪽의 어린이 설문지를 만들었다.
사진은 앙케가 10살 때이다.

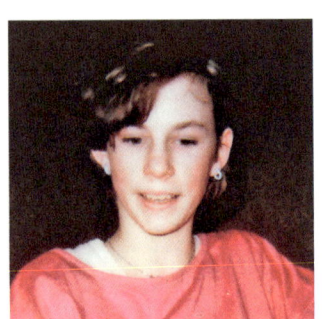

알렉산드라 막사이너 Alexandra Maxeiner.
22, 58–59, 92–93, 112–113, 124–125쪽의 글을 썼다.
사진은 알렉산드라가 13살 때이다.

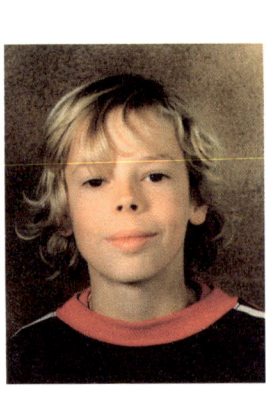

필립 베히터 Philip waechter.
1–13, 20–21, 54, 60–61,
94–95, 141, 168–169쪽을 작업했고, 124–125, 127–132쪽에 그림을 그렸다. 사진은 필립이 11살 때이다.

클라우디아 벨케르트 Claudia Weikert.
118–119, 170–171쪽을 작업했다.
사진은 클라우디아가 13살 때이다.

외르크 뮐레 Jörg Mühle
26, 34–35, 45–47, 58–59, 110–111, 112–113,
122–123쪽의 그림을 그렸다.
사진은 외르크가 10살 때이다.

모니 포르트 Moni Port.
14, 36–37, 86–90, 100–101, 104–105, 117, 140,
172–173 쪽을 작업했고, 127–132쪽의 글은 자신의
이야기이다. 그밖에 63–85쪽의 어린이 설문지를
만들었다. 사진은 모니가 9살 때이다.

나타샤 플라호비치 Natascha Vlahovic.
30–31, 56–57, 102–103, 120–121, 126, 133–137을
작업했다. 사진은 나타샤가 11살 때이다.

추니 폰 추빈스키 Zuni Von Zubinski
키르스텐 폰 추빈스키 Kirsten Von Zubinski.
2–9, 18–19, 24–25, 26–27, 32–33, 91, 96–99, 106–109,
116, 138–139쪽을 작업했고, 143–167쪽의 어른들에게
묻는 설문을 만들었다. 왼쪽 사진은 추니가 13살 때이고,
오른쪽 사진은 키르스텐이 11살 때이다.

이상해? 다양해!

초판 1쇄 발행 2018년 9월 12일 | 초판 2쇄 발행 2018년 11월 20일
지은이 아틀리에 실험실 | 옮긴이 김경연
펴낸이 홍석 | 전무 김명희 | 편집부장 이정은 | 편집 차정민·이선아 | 디자인 조은화
마케팅 홍성우·이가은·김정선·배일주 | 관리 최우리 | 펴낸곳 도서출판 풀빛
등록 1979년 3월 6일 제8-24호 | 주소 서울특별시 서대문구 북아현로 11가길 12 3층 (북아현동, 한일빌딩)
전화 02-363-5995(영업) 02-362-8900(편집) | 팩스 02-393-3858 | 전자우편 kids@pulbit.co.kr
홈페이지 www.pulbit.co.kr | ISBN 979-11-6172-088-3 73330

이 도서의 국립중앙도서관 출판예정도서목록(CIP)은 서지정보유통지원시스템 홈페이지(http://seoji.nl.go.kr)와
국가자료공동목록시스템(http://www.nl.go.kr/kolisnet)에서 이용하실 수 있습니다. (CIP제어번호:CIP2018024078)

*본문 중 괄호 안의 내용은 옮긴이가 보충 설명한 것입니다.
*이 책에 나오는 지명과 인명은 국립국어원의 외래어 표기법을 기준으로 하였습니다.
*책값은 뒤표지에 표시되어 있습니다. *파본이나 잘못된 책은 구입하신 곳에서 바꿔드립니다.

 품명 아동 도서 　　사용연령 8세 이상
제조국 대한민국 　　제조년월 2018년 11월 20일
제조자명 도서출판 풀빛 　　연락처 02-363-5995
주소 서울특별시 서대문구 북아현로 11가길 12 3층 (북아현동, 한일빌딩)
주의사항 종이에 베이거나 긁히지 않도록 조심하세요.
　　　　책 모서리가 날카로우니 던지거나 떨어뜨리지 마세요.
KC마크는 이 제품이 공통안전기준에 적합하였음을 의미합니다.